カナリアたちの警鐘

不登校・ひきこもり・いじめ・体罰へは
どのように対処したらよいか

社会福祉士・
精神保健福祉士
野村 俊幸
Nomura Toshiyuki

文芸社

イラスト　aya

目次

第3章　ひきこもりにどう対処したらよいか

第1章

わが家の不登校体験

まえがき

二〇〇五年に『わが子が不登校で教えてくれたこと』を新風舎から出版、大幅に加筆修正した改訂版を二〇〇九年に文芸社から出版して五年が経ちました。幸い関係者のみなさんに好評で、特にお子さんが不登校・ひきこもり中のご家族から「とても参考になった」という感想や、体験者の方々からも共感の声を多数寄せていただきました。

私は現在、「登校拒否と教育を考える函館アカシヤ会」代表や、「道南ひきこもり家族交流会・あさがお」事務局、函館市の隣町・北斗市の「昴の会～不登校をともに考える会」運営委員、「函館圏フリースクール　すまいる」副代表として活動しています。そのほか「はこだて若者サポートステーション」（サポステ）専門相談員を務め、ささやかですが、様々な事情から就学・就労や社会参加が辛く、社会的に不利な状態にあるお子さんや若者、ご家族の相談支援活動に携わってきました。

私がこのような活動を続けてきたのは、二人の娘が不登校になり、のべ十年以上この問題に関わってきた経験を少しでも生かしたい、取り分け、長女のときのような誤りを関係者のみなさんに繰り返してほしくないという「当事者としての思い」がひと

つです。

もうひとつは、社会福祉相談援助業務に関わる国家資格の社会福祉士を二〇〇二年に、精神保健福祉士資格を二〇〇四年に取得しておりますので、「ソーシャルワーカー」と総称される福祉専門職の立場から、社会福祉相談援助に関わる考え方や方法論の大切さをお伝えしたいと考えているからです。

当地では、「当事者グループ」と呼ばれる前述のような会が毎月例会を開催し、今抱えている具体的な悩みや問題をリアルタイムで話し合っています。この中で、ご家族や体験者のみなさんから、書物だけでは決して得ることのできない、たくさんの大事なことを教えていただきました。「サポステ」相談活動も四年目を迎え、利用者のみなさんやスタッフの方々からもたくさんのことを学ばせていただきました。

また、前著の出版以降、北海道を中心に全国各地で教育・福祉関係団体の研修会や当事者の集いなどでお話しさせていただく機会が増えて一八〇回ほどになりました。その場でも多くの方々と話し合うことができて、とても勉強になっています。

そこで、このような活動を通して学んできたことを、「当事者」と「ソーシャルワーカー」という両方の立場からお伝えしたく、本書を出版しました。

第1章は、わが家の体験レポートで内容は前著と大きく変わりませんが、構成や表現など若干の修正を行ないました。第2章と第3章は、不登校やひきこもりの基本的

な考え方と、例会や相談現場でよく出される内容について「Q＆A」の形で説明しました。また、不登校やひきこもりの大きな背景に、深刻さ増すいじめや体罰の問題がありますので、第4章でこれを取り上げました。第5章では、不登校やひきこもりにどのように対処すべきかについて、社会福祉援助理論に基づいて説明しました。第6章は、このような問題が深刻化する社会的背景を明らかにし、制度・政策面の改革も必要であることを述べました。法律や制度の話が多くなり読みにくいかもしれませんが、行政や教育関係者にも読んでいただきたく、取り上げています。

まだまだ不十分な内容ですので、みなさまのご意見、ご批判をお寄せいただければ幸いです。

カナリアたちの警鐘

不登校・ひきこもり・いじめ・体罰へはどのように対処したらよいか

1　長女の体験から――追いつめる

中学までは大きな心配もなく

私も妻も一九五〇年生まれで、大学卒業後、私は函館にある北海道庁の出先機関に、妻は病院の薬局に勤務しました。一九七四年三月に長女が誕生、私たちは保育所を利用して共働きを続け、一九八〇年四月に長女が小学校に入学しました。

一時期、担任教師に強い不信感を持つ事件が起きたり、すぐに手が出る担任教師に当たったり、同級生とうまく行かないこともあったようですが、学校生活はおおむね穏やかに過ぎていたように見えました。放課後はピアノや空手を習い、友だちともよく遊び、たまの休日は家族旅行にも出かける、仲のよいごく平凡な家庭だったと思います。

長女が小学三年生の一九八四年一月に次女が誕生し、長女は妹の面倒もよく見てくれました。親からすれば、手のかからないしっかり者の長女でしたが、今にして思えば、親は無意識のうちに「お姉ちゃんなんだからがんばってね」というプレッシャーをかけ、長女もそれに応えるように「しっかりしなければ」と大きなエネルギーを使っていたのかもしれません。

朝、身体が動かない！

一九八七年、長女は中学二年生の一学期途中から学校に行けなくなりました。きっかけとして、女子のグループ行動になじめず、ひどいいじめがあったことが後で分かりますが、これは第4章で触れます。

朝になると、頭痛・腹痛・吐き気・微熱などを訴えます。初めは風邪か何かだろうと考えて学校を休ませますが、不思議なことに、午前中のうちに症状が消えるのです。しかし午後から学校に行く気持ちにはなれず、ずるずると一日中休んでしまいます。そのまま数日休むとまた登校できますが、すぐに同じ状態になり、その繰り返しが始まります。

不登校について何の知識もなかった私たちは、不安にかられていろいろと病院に連れて行きますが異常は見付かりません。「起立性調節障害」とか「自律神経失調症」などと診断されることもありましたが、それほど積極的な治療が必要というわけでもありません。

そのうち、学校を休む日数が増え、「このままでは怠け癖が付くのではないか」「勉強が遅れたら困る」「そんな弱い気持ちでどうする」など親は不安をつのらせます。本人も学校に行かなければと強く思うのですが、身体が動きません。身体が学校に行くことを拒絶しているのですが、親も子もそれが分からず、手助けのつもりで車に乗せたりと必死になり、長女との登校をめぐる葛藤の日々が始まります。

長女は、テレビを観たりゲームや読書などをして過ごしましたが、だんだん夜型になり、友達との交流も薄れて家の中だけの暮らしになって行きます。外出できるのは、妹を保育園に迎えに行くときと、休日に家族と買い物や遊びに出かけるときくらいでした。後に長女は、「保育園のお迎えは外出できる理由があり、休日はみんなも休みだから外に出られた」と話しています。

留年で事態はさらに悪化

中学三年生になると、ほとんど学校に足を向けることができなくなり、先生や友だちの訪問も間遠くなります。一九八八年の秋、進路を決める時期となりました。長女は高校に行きたいという気持ちはあったので、週に一回、大学生の家庭教師にきてもらってはいましたが、学力の遅れは取り戻せませんでした。しかも、学校の試験を受けていないので内申点は1しか付かず、高校には受かりそうもありません。

そこで学校とも相談し、留年させて次の受験に備えようということにしましたが、今から思えば全く無茶な話で、私の生涯で最悪の判断だったと思います。しかしそのときは、本人も行きたいと言っているし、親も何とか行かせたい、学校も進学断念はもったいないので何とか協力したいと、三者三様の思いから高校進学への一縷《いちる》の望みをつないだつもりでした。

これが長女をさらに追いつめます。再出発するつもりが、やはり行けない。焦りや自信喪失で長女はますます落ち込み、心身ともにズタズタの状態になります。夜になると、「このまま寝てしまって朝に起きられないと学校に行けないので、眠らないよう見張っていてほしい」と妻に訴えました。

妻も初めはがんばって起きていますが、昼間は仕事をしていることもあり一晩中起きていることは無理で先に眠ってしまうと、長女は怒って妻を起こします。長女はさらにがんばって起きていようとしますが、明け方には力尽きて眠ってしまうので起きることはできません。

こんな繰り返しの中で生活はすっかり昼夜逆転し、ますます家の中に閉じこもるようになってしまいます。当時はまだ「ひきこもり」という言葉は一般化していませんでしたが、まさにひきこもり状態です。後に長女は「自殺することを何度も考えた」と話しており、自傷行為寸前の状態にまで追いつめられていました。

妻が先に受け止める

私は単身赴任中でしたので、長女の厳しい状態に毎日向き合うのは妻でした。ここに至って妻は、「学校に戻そう、高校進学をさせようというやり方は間違っていたのではないか」と考えるようになり、不登校についていろいろと勉強を始めます。「東京シューレ」を始め、不登校の親や当事者の活動が全国的に広がり始める時期でもありました。

わが家に限らず、子どもの不登校を受け止め理解するのは母親が先で、父親はなかなか頭を切り換えられないという家庭が多いようです。これは今も同じで、多くの「親の会」では参加者の大半が女性という状況が続いています。父親はどうしても世間体やしがらみに強く縛られ、「高校くらい出なければ世の中通用しない」「大学を出なければいい仕事には就けない」といった「常識」からなかなか抜け出せないからでしょう。

妻は当時のことを振り返り、「あなたが単身赴任していたのは不幸中の幸いだった。毎日顔を突き合わせて、学校に行けと長女を責め続けていたらどうなっていたか分からない」と話しています。確かに、週末に私が帰宅してまず最初に妻に話す言葉は「今週はどうだった?」であり、長女が登校したかどうかが、私の一番の心配ごとになっていました。

進学へのこだわりをやめて

しかし、やがて私も長女の状態を見かね、また妻の説得もあって、自分なりに不登校について勉強し始めました。すると、長女をここまで追いつめたのは、「高校に行けなかったらこの子はどうなるんだろう」という私の不安や焦りだということに気付いて行きました。

そこから「子どもは本当に高校に行かなければ一人前になれないのだろうか」「進学や高い学歴が、本当に子どものよりよい将来を約束するのだろうか」「今長女に一番必要なのは、ゆっくり休んで元気を取り戻すことではないのだろうか」と真剣に考え始め、建前ではなく本音で高校進学へのこだわりをやめました。すると、不思議なくらい自分の心が軽くなったのです。このときの解放感は、今でも鮮明に覚えています。

親の気持ちが楽になると、不登校の長女を自然と受け入れられるようになりました。長女もまたそんな親の変化を察知し、ありのままの自分をさらけ出してもいいという安心感を持てるようになったと思います。ぎくしゃくしていた長女との関係がだんだんよくなり、コミュニケーションも回復して行き、驚くほど急速に長女は元気になって行きました。

通信制高校に入学したが

二回目の中学三年生の終わりころ、担任の先生から、試験はなく希望者は全員入学できる通信制の高校（北海道立有朋高校）があるという情報をいただきました。通信制高校は、何かの事情で中学卒業後に高校進学ができず、社会人となった後に高校の勉強をしたい、高校卒業の資格を取りたいという人々のために開設されたものですが、不登校の子どもたちの入学も徐々に増え始めていました。

だいぶ元気になっていた長女は、日曜日にスクーリングに出席しながら、送られてくるレポートを提出し、試験を受けて単位を取るという仕組みであれば何とかやって行けそうだと考え、ここに進学することにしました。一九九〇年三月、長女はがんばって卒業式には出席して卒業証書を受け取り、四月に道立有朋高校に入学、親もこれでひと安心しますが、ことはそう簡単ではありませんでした。

無理なアルバイトで事故に

高校進学へのこだわりは捨てたつもりの私でしたが、全日制ではない高校は勤労青年のためにあるのだから、空いている時間で仕事もできるはずだと考えました。長女も何か仕事をしたいというので、入学後間もなく、新聞広告で見付けた水産加工のアルバイトを始めさせました。仕事は朝九時から夕方四時まで、通勤は自転車で往復一時間。今考えればこれも無茶な話です。

最初は長女もがんばりましたが、当然長くは続きません。朝になると不登校のときと同じように具合が悪くなり、遅刻や欠勤をしがちになります。私は「もう中学生ではないのだから甘やかしてはいけない。ここで挫けたらほかのことも続かない」と考え、長女を励まして仕事を続けさせました。二か月ほど経ったとき、長女は自分が使っていた包丁で手の指の腹を削《そ》ぎ落とすという事故を起こしてしまいます。気持ちと体力が限界に達し、注意力が落ちていたのでしょう。

ここでも私は、長女が不登校の間どれだけ苦しみ、エネルギーを使い果たしていたかを理解できずに自分の考えにとらわれて、一歩間違えば指を切断しかねない大けがをさせてしまいました。本人がやりたいと言ったのも、私の気持ちを察知して、親の期待に応えたいという思いからだったように思います。水産加工場はすぐにやめて労災認定を受けましたが、中学三年生を留年させたことに続く大失敗でした。

心ない対応をしたことも

また、今でも後悔の念にかられる出来事があります。進学してからしばらくは、月一、二回のスクーリングも休みがちだった長女に対し、私は「やはり甘えているのではないのか」という気持を拭い切れませんでした。

長女がスクーリングを休んでいたある日、私は体力作りのため自宅近くにある市民体育館のトレーニングルームへ出かけました。そして「また休むのか」という不機嫌な気持ちでバーベル挙げをしていると、小学校に入学したばかりの次女を連れた長女の姿が、ベンチプレス台の前にある大きな鏡に映りました。まだ幼い次女を体育館に併設されているプレイルームで遊ばせるついでに寄ってくれたのでしょう。二人は私に向かって手を振ってくれましたが、私は「体育館にこられるなら、何でスクーリングに行かないんだ」と苛立ち、振り返ることもせず無視するようにバーベルを挙げ続けました。間もなく鏡から娘たちの姿が消えてしまうと、何とも言えない後悔の念が湧き起こってきましたが、後を追いかけて謝る勇気もありませんでした。こんな心ない対応は生涯忘れることはできませんし、忘れてはいけないと思っています。

通信制の住み心地よさ

長女にはとても辛い思いをさせてしまいましたが、行きつ戻りつを経て、私もだんだんと長女のことを理解し、受け止めることができるようになって行ったと思います。

その後、長女は何とかスクーリングにも出席できるようになり、遅れがちながらもレポートを出して試験を受けました。学校行事や生徒会などの活動にも参加するようになり、人間関係の幅も広がって行きます。

長女は当時を振り返り、「通信制は中学校と違って、いろんな年齢の人がいてよかった」と話しています。すでに退職したお年寄りもいれば、働いている中年のおじさん、おばさんもいます。同年代でも、何らかの事情で一般の高校に行けなかった、あるいは行かなかった子どもたちが多く、年齢も生活状況も違う人々の集まりでした。

これに対し、一般の学校は、基本的に同じ年齢で学年・クラスを構成し、生活の大半を同じ年齢の子どもたちと過ごします。私たちは、この仕組みを当然のことと考えていますが、その中で楽しく元気に生活できる子どももいれば、それが苦手な子どもだっています。長女にとっては、通信制の異年齢集団のほうが居心地がよかったのでしょう。

様々な社会経験を積んで

やがて長女は、ハンバーガーショップやスーパーのアルバイトを始めます。学校以外にも生活の場が広がり、高校生活後半では小学校と中学校で事務のアルバイトも経験しました。長女は「不登校の子どもが学校で働くというんだから世話ないねえ」と言いながら、あれだけ嫌がっていた学校にも楽しそうに通勤しました。学校という世界を内側から見ることができたのはとても貴重な体験で、「不登校に引け目を感じる必要はない」という思いを確かめる機会にもなったようです。

また、函館市民オペラというイベントや、職場の青年グループが取り組むボランティア活動に参加したりと、さらに世界が広がり友達も増えて行きました。長女にとって通信制の高校生活は、一般の高校では経験することのできないとても大きな社会勉強だったようです。

もちろん、親の立場からすればハラハラ、ドキドキの場面もたくさんありましたが、私もこのころになると「子どもの人生は子どものもの。親がその代わりをできるわけではない」と腹をくくることができて、あれこれ干渉しませんでした。

三人の子育てに奮闘中

一九九五年三月、長女は五年をかけて有朋高校を卒業し、職場で知り合った青年と結婚、今は十八歳の長女、十四歳の長男、十二歳の次男の子育てに奮闘しています。

長女は、普通の六・三・三コースに比べれば中学校で一年、高校で二年余計にかかったことになりますが、そんな「遅れ」は、社会生活を送るのに何の支障もありません。

もし私が、あのまま学校にこだわり続け、何としても高校に行かせようとしていたら、長女は元気を取り戻すことができなかったでしょう。途中からであれ、長女の不登校を受け止めることができてよかったと思います。そうでなければ、孫の顔を見るという幸せはなかったかもしれません。

今でも当時を思い起こすと、長女には申し訳ない気持ちでいっぱいになります。そして、身勝手かもしれませんが、そんな親の態度を反面教師にして、自分の子育てに生かしてほしいと願っています。

2　次女の体験から――受け止める

小学四年生で不登校に

次女は一九八四年生まれで、長女とは十歳離れています。私たちは共働きを続けていましたので、次女も保育園に通い、一九九〇年に小学校に入学しました。明るい子で友だちや先生からの受けもよく、勉強もまずまずで元気に通学しました。長女のときのように習い事はせず、小学校入学時に通った学童保育も間もなくやめ、どちらかと言うとマイペースに生活していたように思います。

一九九三年、次女は、四年生になった一学期から学校に行くのを渋り始めました。本人は当時のことをあまり覚えていないそうですが、学校に行くのが嫌になったことは確かなようで、長女のときと同じように様々な身体症状を訴えました。私たちは長女のときの反省から、まずはゆっくり休ませることが必要だと考え、次女には「無理して学校に行くことはない」とはっきり伝えました。

学校に対しても、長女のときの苦い体験と不登校についての考え方を学校にはっきりお話しし、「先生が迎えにきたり、友だちが学校に誘いにくるようなことは必要ありませんし、本人が登校する気持ちになるまで、ゆっくり待ってください」とお願いしました。次女は担任の先生にとても懐いていたので、先生も次女のことが気になったと思いますが、私たちの希望を受け入れてそっと見守るという立場を取ってくれました。

すると、次女の身体症状は間もなく消えて、家の中では普通に生活できるようになりました。これは、学校に行かない自分が否定されず、ゆっくり家にいてもよいという安心感を持つことができたからだ思います。それでも次女は、かなり長い間「あ〜、今ごろ学校は何時間目だ」といった後ろめたい気持ちだったと話しています。

自宅でゆっくり生活する

自宅では学校の勉強は全くしないで、ゲームに没頭していた次女でしたが、家事もずいぶん手伝ってくれたので、私たちはとても助かりましたし、次女にとってもその後の自炊生活に役立ったようです。テレビを観る時間もたっぷりあるので、芸能情報から社会情勢まで実によく知っていて私たちとの話題にも事欠きません。次女なりの成長を感じていた私たちは、学校の勉強をしなくても心配はしませんでした。

間もなく次女は、放課後の時間帯や休日は一人でも外出もできるようになり、友だちの家に遊びに行ったり、友だちが家に遊びにきたりと活発に動き回るようになりました。そのうち平日の昼間も一人で外出できるようになって、月曜日の朝、開店と同時に近くにあるスーパーの書店に漫画を買いに走り、ついでにゆっくり立ち読みをしたり、自転車でずいぶん遠出もしたようです。

中学校に行ってはみたが

元気に不登校しているように見える次女を、私たちは楽天的な気持ちで見守っていましたが、本人は不安な気持ちでいっぱいだったようです。後に「このままだったら上の学校にも行けないし、どこの会社にも入れないのではないか」と、小学生なりにとても不安だったと話しています。

そこで小学校卒業間際、意を決して学校に通い始め、一九九六年四月、次女は中学校の門をくぐりました。しかし入学式に参列した私たちは、一糸乱れぬ式の中で顔面蒼白で背筋をピンと伸ばし、とても緊張した様子の次女を見て「これは次女にとって辛い生活になる」と感じ、「また不登校になっても驚かないことにしよう」と考えました。

案の定、次女もまた長女と同様に女子のグループ行動になじめず、いじめにも遭って二か月くらいで不登校になりますが、今度は「行けない」というより「そんなところには行かない」という気持ちのようでした。

私たちはすぐに学校を訪問して、これまでの事情を説明し、登校を促すようなことは控えてもらうようお願いしました。いじめが背景にあるために学校も責任を感じ、解決に努めるとおっしゃってくださいましたが、学校と関わり合うことで労力を費やしたくないというのが正直なところで、次女も同じ気持ちだったようです。

ジャズダンスとの出会い

このころ、次女の生活は、ジャズダンスとの出会いで大きく変わり始めました。次女が小学校六年生のとき、加齢を感じ始めた妻と一緒にジャズダンスの初級コースに通い始めたのです。妻は仕事が忙しくなり途中で断念しますが、次女はすっかり面白くなったようで、その後も一人でせっせと通いました。

北海道でもハイレベルのスタジオで、レッスンは厳しく、ほとんど家の中ばかりにいて運動らしい運動をしていない次女にはとても続かないと思ったのですが、発表会（一三〇〇人の市民会館大ホールが満員になるという本格的なステージです）や地域のイベント、コンクールなど目標となる行事をクリアするごとに上達し、ジャズダンスがすっかり生活の一部になって行きました。

学校に対しては、次女の生活状況について定期的に報告していましたので、「登校させてください」とは言われませんでした。中には、次女の元気な様子を見て「お嬢さんは学校にこないけど元気ですね」と言う先生もいました。家にこもっているという不登校のイメージからすると、不思議なことに思えたのでしょう。私は「学校に行かないから元気なんですよ」と、半分冗談、半分本気でお答えしました。

こうして一年生一学期の途中から学校に行かないまま、一九九九年三月、次女は校長室で卒業証書を受け取り、無事中学校を卒業しました。私は、「一人だけの卒業式」にたくさんの先生方が同席してくださった学校の配慮がとても嬉しかったのですが、次女はこの卒業式の記憶が全くないと言います。卒業式だけとは言え、学校の門をくぐるのはそれだけ精神的負担が大きかったようです。

学校だけが勉強ではない

親から見れば、学校や進学なども気にせずにジャズダンスに熱中しながらマイペースで生活しているように見えた次女も、高校進学をどうするかずっと悩み続けていたようで、中学三年生の後半になると焦り始めます。このころは不登校の生徒を受け入れる高校も出始めましたが、高校進学はまだまだ「狭き門」でした。

次女は、友だちに聞いたり資料を取り寄せるなどして、「単願」なら入れる高校があるらしいとか、定時制や通信制の高校に行く不登校の生徒も増えているらしいなど、いろいろな情報を集めていました。最終的には入学試験がないことや、ジャズダンスに時間を多く使いたいこと、同年代ばかりの集団は苦手なことなどから通信制高校を選択し、一九九九年四月、北海道立有朋高校に入学しました。

次女はスタジオの上級クラスに入ったこともあり、高校入学後もジャズダンス中心の生活で、学校の勉強は単位を落とさない程度にこなしていたようです。通信制と言えば、マイペースで気楽にできそうな印象もありますが、勉強の進行管理は基本的に自己責任で、縛りがない分油断するとすぐに単位を取れなくなるなど厳しい面もありますので、ダンスと通信教育を両立させていることを感心しながら見守っていました。

やがて次女は、ダンスの練習だけではなくアシスタントとしてスタジオ運営にも携わることになり、近くのコンビニでアルバイトも始めました。辛いこともたくさんあったようですが、社会人として成長して行く上で、これらはかけがえのない体験だったと次女は話しています。学校での勉強はもちろん大切ですが、様々な社会体験もまた、それに劣らず大切なものであることを痛感しました。

ダンスから公務員試験へ

二〇〇〇年秋に開催された「ヤングダンスフェスティバル」という全国コンクールで次女の所属するチームが優勝、翌二〇〇一年四月には、ニューヨークで開催された「ジャパンフェスティバル」という、アマチュアの芸術・文化団体が活動を披露するイベントに招待され、カーネギーホールで踊るという素晴らしい経験もすることができました。次女は冗談半分に「不登校しなかったらカーネギーに立てなかったかも」と語っていますが、確かにその通りだった思います。

この年は五月と十一月にも大きなステージがあり、次女はダンス中心の生活を続けました。親バカですが、私はこれだけ上達したのだから、宝塚や劇団四季はともかく、プロを目指してほしいという気持ちになっていました。実際このスタジオから、劇団四季に入団したり、プロとして活躍する人材を輩出しています。

しかし、卒業後の進路を真剣に考え始めた次女は、「公務員試験を受ける」と言い出し、十一月の舞台を最後にダンススタジオをやめて翌二〇〇二年、公務員試験予備校に通い始めました。これには正直驚きましたが、反対する理由もありません。財政危機で先行き不安はあるものの、今の日本で安定した身分や給料が保障される数少ない職業です。しかしそれだけに公務員試験は狭き門で、有力な民間企業が少ない北海道ではことのほか人気が高く、当時の競争率は一〇倍を超え「有名大学」なみの難関でした。

私は、次女にそんな学力があるのか皆目検討が付きませんでした。次女も中学校の不登校時代に家庭教師にきてもらって、いわゆる「読み書きソロバン」の基本を教えてもらい、高校入学後もレポート作りなどを手伝ってもらっていましたが、同年代の高校生の学力とは比べものにならない段階からのスタートです。しかし次女は、「生まれて初めて」という猛勉強を始めて、その年秋の国家公務員と北海道職員の採用試験に無事合格、親もビックリの事態となりました。

不登校ゆえの進路の悩みも

次女は、「ジャズダンスでとてもお金をかけてもらったので、大学まで親に面倒見てもらうのは申し訳ない」という気持ちや、「大学は出たけれど」という就職事情も考えて、大学進学は考えなかったようですが、やはり一番は「不登校でほかの子どもに遅れを取っているので、少しでも早く社会に出て一人前になりたい」という気持ちがあったようです。

公務員試験の道を選んだのは、私も長女の夫も公務員なので身近に感じていたことや、小学校の不登校時代から親に心配をかけたくないという気持ちが強く、「経済的自立」を目標にしていたからと話しています。また、まだまだ「学歴」が重視されるという社会の現実があります。不登校が親からは理解されても、社会的には大きなハンディを負うことを次女なりに感じていたようです。

実は、公務員採用の大半を占める一般行政職試験に学歴は必要ありません。北海道の場合、当時の試験区分では、一般行政職初級試験は高校卒程度、中級は短大卒程度、上級は大学卒程度の学力試験がありますが、年齢の要件だけで学歴は問われません。二次の面接試験はあくまで人物の適性や意欲・関心、将来性を判断するので、どこの学校を出たとか出ないとかは合否に関係ありません。次女が受験した国家公務員の二次試験では、面接官が先入観を持たないよう資料には出身校名が記載されていないそうです。そこで次女は、不登校の自分にも可能性があると考えたわけです。

「明るく元気」だけではなかったが

このように、周りからは不登校のことを気にしていないように見えた次女ですが、自分の将来にとって不登校がマイナスになるのではないかとずっと心配し続けていたそうです。

次女が電車でダンススタジオに通うとき、時間によっては高校生の制服集団と一緒になることがよくありました。そのとき次女は、みんなと同じように高校に行っていないという引け目や、「この人たちはこのまま卒業、就職して行くんだろうな。でも、学校に通っていない私はどうなるんだろう」と、将来の不安を突き付けられているようで息苦しくなり、その集団から離れるようにしていたそうです。しかし、公務員試験に合格し、採用の目途《もくと》が立ってからは、制服の高校生を見ても気持ちが動揺することはなくなったと言っています。

不登校し始めのころにゲームに熱中したのも、その後ジャズダンスに打ち込んだのも、それが楽しく好きだったことはもちろんですが、「不登校への後ろめたさ」を心の中に閉じこめるという気持ちもあったそうです。それと、周りの人に不登校のことが知られても、「ジャズダンスでがんばっている」ことが伝われば「どうして学校に行かないの」などと聞かれないですみ、バリアになる側面もあったと言います。

以前私は、「親の会」や様々な集まりで自分の体験を語るとき、次女の体験を「明るく元気な不登校」と表現していました。しかし次女は、不登校でも元気に暮らしている自分が不登校に悩む人たちの励みになればと思い、あえて否定しなかったけれど、内心は不安だらけだったそうです。

次女は、アカシヤ会の家族レクリエーションに参加したこともありましたが、「元気でいなければ」と思うとだんだんしんどくなり、参加できなくなったとも話しています。確かに、中学後半以降はあまり顔を見せなくなりましたが、私は「ジャズダンスが忙しくなったからだろう」くらいにしか考えていませんでした。それだけにこの話を聞いて、私は次女の不登校についても、実は十分に理解していなかったのだと思い知らされました。

新しい生活で奮闘中

このように、明るく元気に不登校しているように見えた次女も、大きな不安や悩みを抱え、それと闘いながら生きてきました。私たち家族は、次女の不登校を無条件で受け止め、理解するように努めてきたつもりですが、本人にとっては不登校していること自体が重荷だったようです。

社会全体でも、不登校の子どもや家族が心から明るく元気に暮らすにはほど遠いのが現実で、不登校について家庭や学校、社会にもっと理解をしてもらう取り組みがこれからもまだまだ必要だと、あらためて実感しています。

その次女も、二〇〇三年三月に北海道立有朋高校を卒業、七月に北海道職員に採用され、現在は道北の都市で勤務しています。結婚して四歳の長男、一歳の長女の二児の母親になり、共働きをしながら新しい生活を築いています。

私たち夫婦は子どもたちが巣立ち、取りあえずは親の務めを果たしたという安心感と、少しの寂しさが入り交じった、そんな気持ちの日々を過ごしています。

第2章

不登校に
どう対処したらよいか

1　親の疑問や悩み　Q＆A

〔1〕学校に行かない理由を聞いても話してくれない

不登校をめぐる親の悩みで、まず最初に出されるのが「学校に行かない理由を聞いても話してくれない」というものです。しかし子どもは、「話したくても話せない」「自分でもうまく説明できない」という状態なのです。ところが、親は、そのことをよく理解できず、厳しく問いつめるなど焦って「原因探し」に走ってしまいます。

焦って原因探しに走るのは、今起きていることを自分にとってよくないこと、困ったことと考えているからです。例えば、子どものテストの成績がイマイチだったとき、「なんでこんなに低いの？」と、その「原因」を探したくなると思いますが、これが満点だったら「どうして？」「なぜ？」としつこく聞くでしょうか。

ですから、直接口に出して「不登校はダメだ」と子どもを叱らなくても、焦って原因探しに走ることで、子どもに対し「不登校は悪いこと」「親や先生を困らせていること」だという非難のメッセージを送ることになるのです。そのことで子どもはさらに苦しみ、お互いの関係が悪化するという悪循環になります。

もちろん、不登校の背景にいじめや体罰がある場合も多いので、原因をしっかり把握して子どもを守ることも大切です。いじめ・体罰は第4章で詳しく触れますが、「原因探し」自体がいけないのではなく、あくまで子どもを問いつめるような「原因探し」は禁物だということです。

(2) 勉強を全くしないので学力が心配

これも親がぶつかる当然の悩みだと思います。私は次女の不登校を受け止めていたつもりですが、「学校に行かなくてもせめて教科書くらい開いてほしい」という気持ちを捨て切れませんでした。小学校四年生で不登校になってから勉強は全くしませんし、五年生の四月に学校から教科書が届けられても手を付けないのです。

ほかのご家庭でも、不登校の子どもが家で一生懸命勉強しているという話はほとんど聞いたことがありません。不登校の子どもは何らかの事情で学校との関係が強いストレスになっているのですから、教科書や学校のプリントなど最も「学校の匂い」のするものを避けるのは当たり前の話です。

当時の私は、そこまで思いが至らず、何とか次女の興味を引こうと「いやあ、これは面白そうだねえ」などと教科書を手に取って見せたのですが、全然反応してもらえませんでした。結局、教科書は段ボールに入ったままで、全くもったいない話ですが、日の目を見ることはありませんでした。

中学校も似たような状態で通信制高校に進みましたが、読み書きはそこそこできましたので、レポートはこなしていたようです。小さいころからゲームが大好きで攻略本もずいぶん読みましたし、不登校中は時間もたっぷりありますので小説もたくさん読み、語彙の多さや文章力はそこで養われたようです。

学力を「学校の教科書を理解する力」と考えるならば、それは後でいくらでも取り返すことができます。小学生や中学生のときにその教科書を理解できなくても、大きくなって開いたら楽に理解できたという話はよくあります。「何歳になったら何年生で、そのとき学ぶべき内容は何々」というのは、今の学校教育制度上そう決められているだけで、その段階通りに進んで行かないと子どもが成長できないわけではありません。

〔3〕進学や将来の道は大丈夫だろうか？

次女が本格的な勉強に取り組んだのは十八歳、公務員試験の予備校に通い出してからでした。私としては公務員試験など無謀で、ダンスの道を進んだほうがよいのではないかと考えていましたので、次女にどの程度学力があるのかさすがに気になりました。各都道府県の名前・位置と県庁所在地くらい知っていないと公務員試験などとうてい無理と思い、県境を記載した日本の白地図を見せて、どこが何県か聞いてみたのですが、次女が答えられたのは北海道と対岸の青森県、東京、沖縄くらいでした。

しかし、人は必要に迫られ、学ぶことの面白さを実感できると、水が砂地に沁み込むように知識を吸収します。次女の場合は公務員試験に特化した形ですが、義務教育後半の六年分と高校の勉強を約一年間の予備校で学んだわけです。

もちろん、十五歳で高校受験、十八歳で大学受験をクリアするには、通常の学校教育の段階を踏んだほうが有利なことは確かですが、それにこだわらなければいろんな道があります。小中学校をずっと不登校していても受け入れる高校や、様々なタイプの通信制や定時制の高校も増えました。高校に通わず高校卒業認定試験で大学や専門学校に進むこともできます。もちろん、進学しないでいろんな体験を積みながら自分の道を探す子どももいます。

現に、膨大な人数の不登校の子どもたちが高校や大学・専門学校等に進学し、社会人として生きています。親が本人になり代わることはできませんし、何よりも本人の学ぶ意欲、目的意識が肝心ですから、いくら押し付けても無駄だと思います。

（4）学校に行かないと人間関係を作れない？

「勉強の遅れ」の心配をひとまずクリアした親も、「学校に行かないようでは友だちも作れず、社会性が育たない」という不安はなかなか拭えませんし、周囲からもよく言われますが、そうではないという事例を紹介します。

ひとつは、二十八歳になる「アカシヤ会・最長不登校記録」の青年の体験です。彼は小学校入学後すぐに不登校になり、高校生年代を過ぎるまで学校という世界に一歩も足を踏み入れたことがありません。親御さんは当初悩み戸惑い、何とか学校に行かそうとしたのですが、無理強いをやめ、休ませると元気になって行きましたので「この子は家庭でゆっくり育つのだろう」と腹をくって見守りました。

やがてインターネットのオンラインゲームを通して家庭以外の人々とのつながりができ、二〇〇三年に東京で開かれたオフ会に参加したくて初の東京旅行に出かけました。いきなり一人旅には不安もあり、往復の飛行機は父親が同行しましたが、東京では自分で行動したそうです。その後、「アカシヤ会」の東北ツアーにも参加、自動車学校に通ったり公務員試験を受けたりと、だんだん外の世界とのつながりが増えて行きました。そして大検（現在の高校卒業認定試験）を取って短大に進学して栄養士となり、さらに医療保健系の大学に進んで看護師と保健師の資格を取得し、大学院に進学しています。

次にわが家の場合ですが、長女は通信制高校のほかアルバイトやボランティア活動を通して、次女もダンススタジオやアルバイトなどを通して、それぞれ社会性を育んだと思います。小中学校の同窓生で現在も付き合っている人は一人もいませんが、彼女たちの社会生活にとって何の支障もありません。

家庭が安心できる居場所になることで、子どもは動き出すエネルギーを蓄え、きっかけを摑むとびっくりするようなスピードで成長します。子どもは、必要なときに必要な人間関係を作りますので、「学校に行かない＝人間関係を作れない＝社会性が育たない」と短絡的に考える必要は全くありません。

(5)「学校に行く」と言っていても、朝になると行けない

大概の不登校を始めたお子さんはそのように言いますし、行こうとします。親御さんはその言葉と行動に期待し、「本人がそう言っているのだから」とそれを後押ししますが、やはり行くことができません。すると親は「自分で言ったのに実行しないのは心が弱いから」と考え、さらに本人を叱咤激励します。そして本人の状態はもっと悪化し、親とぶつかるようになります。親はますます腹を立て…と、悪循環に陥りま

す。

これは、親が子どもの言葉や行動を取り違えるために起こります。子どもは本心から行きたいというよりも「学校は当然行くべきところ」という常識に縛られ、「学校に行かない」道があるなどと思い付きもしないのです。また、子どもは、無意識のうちに親の期待に応えようとしますから、「学校に行ってほしい」という親の気持ちを先取りし、そのような発言や行動をしがちです。子どもがそう言ったとき、親は一瞬でも嬉しそうな顔をしていませんか？　声が弾んでいませんか？　そうすると、子どもはますます期待に応えようとします。

しかしやっぱり行くことができません。そして「親の期待に応えられないダメな自分」をさらに責めます。行こうとして行けない場合は、必ず身体の不調を訴えます。気持ちより身体が正直です。「親の気持ちや態度がそうさせているかもしれない」と受け止め、まずはゆっくり休ませてください。

その際、明日のことなどこれからのことは一切触れないでください。お子さんは十分にそのことも考えていますので、先回りして不安を煽《あお》る必要はありません。子どもが「明日も行けなかったらどうしよう」と不安を訴えてきたら、「明日のことは明日考えよう」と話し、今日、まずゆっくり休むことが大事だと、しっかり伝えていただきたいと思います。

〔6〕 昼夜逆転している

少し安心して休むことができるようになると、ほとんどの子どもは夜型の生活になり、やがて昼夜逆転して行きます。これが親にとって次の難題になりますが、ここにも大きな誤解があります。

多くの親御さんや先生方は、昼夜逆転を放っておくと朝起きられず、ますます学校に行けなくなるので、規則正しい生活をさせる必要があると考えがちです。そして朝必死に起こしにかかり、夜は起きている子どもを叱り付けて早く寝かせようとしますが、かえって状態は悪化します。これも不登校の子どもの辛い心を逆《さか》なでし、傷口に塩を塗るようなものです。

不登校の子どもにとって、昼間はとても辛い時間です。「普通」の子どもは学校に行っているのに、行けない自分は一人取り残されたような気持ちになります。朝は、登校する子どもたちの姿や声を見聞きするかもしれませんので、さらに辛くなります。ですが、夜はみんな家にいますので、自分も家にいていいと思え、負い目は小さくなります。子どもは、昼間の辛い時間を眠ってやり過ごしているのです。休日に不登校の子どもが元気になるのも、その時間はみんな学校に行っていないので気持ちが少し楽になるからです。

昼夜逆転の生活を安心してくぐることで、不登校している自分を責める時間が少なくなり、だんだん元気も回復してきます。そして何かを始めようとしたとき、それが日中の時間帯ならば自分で起き出し、間に合うように行動し始めます。わが家の娘たちもしっかり昼夜逆転してくれましたが、昼夜逆転を治したから長女がアルバイトに通えたわけでも、次女がダンススタジオに通えたわけでもありません。アルバイトやスタジオの生活が面白くなり、自分にとって必要なものと実感できたからなのです。

〔7〕朝の声がけはどうしたら？

「子どもに朝声をかけたほうがいいだろうか」というのもよくある質問ですが、これも子どもに聞いてみるのが一番です。「学校に行かなければ」と思っているうちは、「朝起こしてほしい」とよく言います。頼まれた場合は一回は声をかけてください。たいがいは起きないと思います。その場合でも、叱ったり、身体を揺すって起こしたり、まして蒲団をはぐなどという行為は絶対にしないでください。また、枕元から黙って立ち去らず、「今日はまだ調子が悪そうだから、ゆっくり寝てたほうがいいと思うよ」と優しく声をかけてほしいのです。

子どもが「朝起こして」と言わなくなればひと安心です。それは、学校に行けない自分を受け入れ、安心して「不登校しよう」という気持ちになりつつあるからで、回復への道を歩み始めた表われと考えてください。

(8)「行かなくてもいい」と言ってるのに元気にならない

いろいろやってみても学校に行きそうもないし、無理強いはまずいということに親もだんだん気が付き始めますと、取りあえずは「学校に無理に行かなくてもいいよ」と言えるようになります。「それでも子どもが元気にならないのはなぜでしょう?」という話題も例会でよく出ます。

私も同じような経験があります。長女の体調がどんどん悪くなり、妻からも諭されて登校を無理強いすることはやめ、取りあえずは「休んでいい」と言ってはみましたが、長女は元気になりませんし、関係もギクシャクしたままでした。私は、本心では早く学校に戻ってほしいと思っていますから、言葉の調子や表情などで私の気持ちがすぐに伝わり、「お父さんはそう言ってるけど本当は違うんだ」と見抜かれてしまい、本人はさらに辛くなってますます自分を責めていたようです。

〔9〕心の底から「休んでいい」と言えない

口では「休んでいい」と言っても、本心では「学校に行ってほしい」という気持ちを無意識のうち発している状態を、「学校オーラが出ていた」とおっしゃる親御さんがたくさんいます。そして、このオーラが出なくなると、びっくりするくらい急速に親子関係は改善され、お子さんも元気になって行きます。

心の底から「休んでいい」と言えないのは、「そう言ってしまうと、本当にずっと学校に行かなくなるのではないか」と不安になるからです。しかし、安心して学校をしっかり休むことで元気を回復し、学校に戻る子どもはたくさんいます。また、そのままずっと学校に行かなくなっても、将来が閉ざされるわけでないことは「(2) 勉強を全くしないので学力が心配」で述べました。大事なのは、子どもが元気になることです。

しかし、すぐにこのような境地に達するのは難しいでしょう。親も気持ちが揺れ、本心から「行かなくてよい」と言える自信がないときは、「私は、できれば学校に行ってほしいと思っているけど、あなたがとても辛そうなので、お子さんの不登校を経験した親御さんの話を聞いたり、専門家にも相談したら『今はゆっくり休まなければならない時期だ』とアドバイスされた。だからしばらく休んでみよう」というように、伝え方を工夫してはいかがでしょうか。

これならば、親の気持ちにも無理がかからず、お子さんも「経験者や専門家がそう言っているなら、休んでも大丈夫かな」と思えるかもしれません。

(10) 休ませたら元気になってきたけれど、外に出ない

「休んでよい」と子どもに言えるかどうかが最初の関門で、次の関門がこれです。親は、子どもが元気になると、すぐ次のことを考えてしまいがちですし、「学校に戻ることが不登校の解決」と考えている間は、当然このような疑問や不安が付きまといます。しかし、子どもはストレス要因である学校を休んでいるから元気になったわけで、学校のことを考え始めると再び元気をなくして行きます。

また、子どもが家で楽しそうにしていると、親はかえってイライラすることもあります。「お笑い番組やマンガを読んで笑っている子どもを見ると、ついムカッとした」という話は例会でいつも出されます。笑えるくらい元気になったのなら、家にばかりいないで、外に出てもっといろんなことをやってほしいという気持ちになりがちです。しかしそうではなく、子どもはとても辛い状態から、お笑い番組やマンガを読んで笑える状態にまで心のダメージが回復してきたのです。やっと家でなら元気に過

ごせるようなってきたのですから、そのように笑えること自体を親も心から喜んでほしいのです。

⑪　学校に行かないならせめて別の何かをしてほしい

家で元気になると、親はどうしても「学校に行かないなら、せめて〇〇を」と考えて、あれこれ勧めたくなります。しかしこれでは、子どもにとってはその〇〇が学校と同じものなってしまいます。たとえそれがフリースクールでも、そうです。子どもは、自分が否定されない環境の中で十分に休んで心にエネルギーが溜まってくると、自然と外の世界に目を向け始めます。

それにどのくらい時間がかかり、何をきっかけに、どのようなことに目を向けるかは、子ども一人ひとり違います。それが初めから分かれば苦労しませんし、それは神のみぞ知るです。

よく、「私のところへくれば〇〇日間で△△できるようになる」と自慢げに宣伝するような「支援者」がいますが、その人はきっと「神様」なのでしょう。そういう怪しげな「神様」には近付かないほうが無難です。

エネルギーがある程度溜まってきた際の目安のひとつは、「暇だあ〜」と退屈な様子を見せ始めたり、ネットなどで不登校に関連した情報にアクセスし始めたときです。そんなときは、「これをやってみたら」ではなく「こんなものもあるよ」という形でさりげなく情報提供してください。それに直接反応しなくても、「せっかく教えたのに」ということで腹を立てたり、がっかりしないでください。子どもは、「親は自分のことをちゃんと考えてくれている」と感じるはずです。

⑿　家でゴロゴロしているばかり

そして次の関門がこれです。確かに親からすると、不登校の子どもは毎日家で「ゴロゴロ」しているように見えます。子どもの不登校を体験していない方は、夏休みや冬休みに、子どもが全く勉強しないで一日中家にいる状態を想像してみてください。何日耐えられるでしょうか？　夏休みや冬休みは終わりがあるので「救い」もありますが、不登校の場合はそれがいつまで続くか分からないのです。ストレスを感じるのも仕方ありません。

しかし、子どもは本当に「ゴロゴロ」しているだけなのでしょうか？　アカシヤ会で出会ったある家庭の体験を紹介します。そのお宅の長女も、わが家の長女と同年齢で、やはり中学生のとき不登校になります。ある日、不登校をしていない弟が出かけるとき、彼女にビデオの予約を頼みました。彼にしてみれば、姉はいつも家にいるのだからそのくらいの頼みは何でもないと思ったのでしょう。そのとき彼女は、とっさに「ダメ、私は忙しいんだから」と答えたそうです。

彼女は当時を振り返って、「私は学校に行かないことをしていたと思う」と表現していました。これは不登校の核心を突いた言葉です。「学校に行けない、行かない」ことによる悩みや不安、葛藤は尋常なものではありません。「明るく元気」に見えたわが家の次女も例外ではありませんでした。そんな自分自身と闘いながら、「学校に行かないこと」をしている不登校の子どもは、ゴロゴロしているように見えるだけで、ものすごいエネルギーを使っていることを、まず分かってほしいのです。

その後彼女は高校に進学、たびたび学校に行けない辛い状態が続きましたが、自分の体験を生かした勉強をしたいと考えて福祉系大学に進学し卒業、現在は結婚して二児の母となり、育児に奮闘しながら、地域の福祉ボランティア活動で活躍しています。

⒀　ネットやゲームに夢中で大丈夫？

これも例会で必ず出される悩みです。子どもが読書に没頭している場合は親も少し寛容になれますが、それが漫画やテレビ、さらにはメールやネット、ゲームに夢中となれば許せないという親が多いようです。

不登校の子どもが、これらに夢中になるのはそれが面白くてたまらないというより、心の不安を打ち消すための「安定剤」であり、命の綱だからです。携帯やネットでのやりとり、ゲームに没頭している時間は少なくとも学校のことを忘れることができ、心が安らぎます。

次女も不登校だった当時を振り返り、「学校に行けないことで、押し潰されそうなくらいものすごく不安だったけど、ゲームに夢中になっている間は、将来の心配とか学校に行かない後ろめたさから逃れることができて、不登校の辛い時間を乗り切ることができた」と話しています。

また、ネットは不登校の子どもたちにとって貴重な「社会の窓」になっています。これはひきこもりの青年たちからもよく聞く話で、「(3)　進学や将来の道は大丈夫だろうか?」で紹介した「最長不登校記録」の青年のように、メールやネットを通じて人とのつながりを取り戻したという体験がたくさん報告されています。

それと、不登校の子どもは時間がありますので、様々なルートからいろんな知識をたっぷり仕入ます。「受験勉強の範囲」から見ると役に立たないかもしれませんが、今、その子どもにとってはとても大切なものばかりなのです。親の知らないこともたくさんあって、話を聞くと面白いです。せっかくの機会ですから、自分の知らない世界のことを、子どもからいろいろ聞いてみてはいかがでしょうか。

どんな形であれ子どもは成長しています。テストの成績のように目に見えるものだけに親の関心を向けるのではなく、親が目をこらし、耳を澄まして子どもの成長を発見する、とてもよい機会になると思います。

⑭　携帯やネットを取り上げたほうがいいだろうか？

「携帯やネット、ゲームにはまるから学校に行けなくなる」と考えて、子どもからこれらを取り上げたり、禁止しようとする親御さんもいます。その結果、激しい家庭内暴力が起きたり、子どもが親との関わりをすっかり拒否し部屋にこもってしまうという事例がたくさんあります。

心理カウンセラーの内田良子さんは「ゲームは命を守る〝浮き輪〟」と表現していますが（NPO法人全国不登校新聞社発行『Ｆｏｎｔｅ』第三二六号、二〇一一年十一月十五日）、これを読んだ次女が「全くそのとおり！　当時の自分の気持ちをぴったり言い表わしている」と話していました。

ネットやゲームを取り上げるというのは、この「浮き輪」を取り上げるようなものですから、子どもはとてつもない不安にかられ、溺れまいとして必死にもがきます。

それが家族への家庭内暴力として現われるのです。しかし、やがて絶望し力尽きて水の底に沈んで行きます。それが部屋にこもってしまう状態です。私はゲームも全くやりませんし、携帯もスマホではありません。何がそんなに面白いのか分かりませんが、そんな親の価値基準を子どもに押し付けても、うまく行くはずがありません。

⒂ インターネットでのトラブルもあるみたいだけど…

前述の通り、不登校の子どもにとってインターネットやゲームは、現状への不安感を和らげるという役割を果たしているので、一方的に取り上げることは得策ではありません。

ですが、最近では、不登校をしている・いないに拘わらず、子どもが親のクレジットカードを使って、ネット通販やネットゲームで勝手に買い物をしてしまうという問題や、悪質な出会い系サイトであるサクラサイトを未成年が利用したことによるトラブルが起きています。

特に、小中高生では、自分の個人情報をネットゲームやＬＩＮＥで知り合った相手に安易に教えてしまったことから、恐喝や性犯罪などに巻き込まれるケースも増えています。

また、インターネット上には、真偽の不確かな情報も多く流れていますし、匿名者による無責任な誹謗中傷が行なわれているページも存在します。さらに、LINEなどの閉鎖的な場で行なわれる「ネットいじめ」も、その実態が把握しづらいことから、大きな問題になっています。

生まれた時からパソコンやインターネットが身近にあった子どもたちと、親の世代とでは、インターネットに対する知識の量が違います。ですが、「インターネットはよく分からない」という意識でいると、トラブルが起きたときに適切な対処が難しくなりますので、親の側もある程度の知識を持っておいたほうがよいでしょう。教育委員会などに問い合わせれば、パンフレットなどが手に入るはずですし、総務省や国民生活センターのホームページでは、具体的なトラブル事例が紹介されています。

また、何よりも、インターネットを使ってどんなことをしているのかを子どもに聞き、「お金がかかるようなことをするときや、トラブルが起きたときはすぐに親に相談する」という約束をしておくことが必要でしょう。

もし、トラブルが起きてしまったときは、「一番動揺し、困っているのは子どもなんだ」という視点に立って、落ち着いて対処しましょう。不正請求などの消費者問題は消費生活センターで相談を受けていますし、恐喝や性犯罪、ネットいじめについてはすぐに警察に相談してください。

また、寝食を削ってネットゲームやスマートフォンにのめり込み、日常生活に支障が出てくるような状態であれば、ネット・スマホ依存症になっている可能性がありますので、適切な治療も必要になってきます。

〔16〕先生の家庭訪問にどう対応したら？

学校としては、子どもの様子を知る責任がありますから、家庭訪問や電話連絡をしてきます。しかし、特に不登校になり始めで子どもの状態が不安定なときに、先生からの接触を受けると、さらに状態が悪化しますので、親はそのような学校からの働きかけにどう対処したらよいか悩みます。学校としても、長期間子どもの状況を把握できず、後で虐待を受けていたことが判明して責任が問われる事件がしばしば起きますので、積極的に家庭に働きかけるというのはやむを得ない面もあります。

ですから、親の側から学校に出向いて子どもの様子を伝え、親の考え方をはっきり説明したほうがよいと思います。その場合、担任の先生とだけではなく、校長や教頭など管理職の先生にも直接お会いしてください。管理職は担任の対応が適切かどうか評価し判断しなければなりませんので、担任から「親がこう言ってました」と報告を受けるより、親から直接話を聞いたほうが安心します。同じように「家庭訪問をしばらく控えてほしい」という希望を担任と管理職に直接伝えれば、「担任が家庭訪問しないのは手抜きではない」と管理職も納得でき、担任もやりやすくなります。

また、父親がいる場合は、是非同席してほしいのです。残念ながら日本はまだ男性優位の社会なので、母親だけが行った場合と父親も一緒に行った場合とでは、学校の対応がずいぶん違ったという話を結構聞きます。ただしその場合は、夫婦の意見をおおむね一致させておく必要があります。先生の前で夫婦が言い争いを始めるようなことになれば、夫婦不和が子どもの不登校の原因と思われかねないからです。

私も、次女のときは、各学期末に通信簿を受け取りがてら学校を訪問し、「元気に不登校している」旨をお伝えしました。通信簿はオール1と始めから分かっていますし、学校生活欄にも記載がありませんので見る必要はないのですが、保護者の確認印を押して新学期開始時に通信簿を届け、休み期間中の生活の様子を報告して引き続き休むこととお伝えしました。

〔17〕欠席の連絡が心苦しい

定期的に学校を訪問して子どもの状況を報告した上で、「子どもが登校する際は連絡しますので、それ以外は欠席としてください」と伝えておけば、毎日「今日、子ど

も は○○なので休ませます」と学校に電話する必要はないでしょう。例会でも「毎朝学校に欠席連絡の電話をかけなくなって、とても心が軽くなった」と多くの親御さんが異口同音に語っています。

また、学校とよく話し合っても意見が一致せず、どうしても登校させるよう強く求められた場合には、きっぱりと家庭の考えをお伝えしてください。親が動揺したり中途半端な対応をしますと、「これでは親に任せられない」とばかりに登校を働きかける先生がいるかもしれませんし、そうなれば事態はますます混乱します。

学校が子どもと関わるのは、小学校で六年間、中学校で三年間、高校で三年間だけですが、親は死ぬまで親です。子どもの人生に責任を持つのは学校ではなく親なのだと、肝に銘じてほしいと思います。

⒅　給食費やPTA会費をどうする？

学校を長期に休むことにした場合、大きな悩みの種が給食費の取り扱いです。次女が不登校になったときも、初めのうちは給食費を払っていました。責任感の強い担任の先生で、彼女の分の給食パンや牛乳、果物などを袋に入れて、放課後よく自宅に届けてくれました。次女のことを気にしてくださったのだと思います。

次女は先生に懐いていましたので、初めのころはおやつが手に入り喜んでいたようですが、その善意がだんだん重荷になってきました。そこで私たちは学校と相談し、給食費とともにPTA会費の納入も止めました。こうしてわが家は学校との関係が薄くなって行きましたので、次女の生活からも学校の影がどんどん遠ざかり、安心して不登校できる環境になって行ったように思います。

突然子どもが登校した場合は大丈夫かと心配する方もおりますが、欠席する子どもがいたりするので給食の予備は何とかなるようです。その後も登校を続けるようになれば、その時点で支払いを再開すればよいと思います。また、食べないのに給食費を払い続けるのは、「学校に行ってくれるのではないだろうか」という願望の投影かもしれません。そんな思いを断ち切る意味でも、給食費の支払いは一時停止したほうがよいでしょう。

⒆　制服の準備はどうしよう?

小学校で不登校のまま中学校に進級するとき、制服をどうするかというのも大きな問題ですが、基本はやはり子どもの気持ちです。本人に黙って制服を用意すれば、それが「学校に行ってほしい」というメッセージになります。本人に聞いて「いらない」と言えば用意する必要はありませんし、はっきりした返事がなければ「いらない」という意思表示と受け止めてください。「用意してほしい」と答えたら、行く行かないは別にして一応用意してください。

次女が中学校に行くと言い出したとき、私たちも戸惑いましたし、正直のところ、また不登校になるのではないかという予感もありました。そうなった場合は制服も結構高価ですから、無駄な支出になってしまいます。しかし、本人が行くと言うのですから用意しないわけにはいきません。

次女の中学校は、冬が上下とも紺色、夏は上が白でスカートは冬と同じ紺色で薄手の生地という制服でした。普通は入学時に一式揃えますが、夏・冬ともスカートは同じ色なので、夏を待たずにまた不登校になるかもしれないと考えた妻は、冬服のスカートだけを用意しました。このことで、「中学は行かなきゃ！」と気負っていた次女はずいぶん救われたと話しています。

そして予想通り制服は二か月で不要になりましたが、冠婚葬祭時の礼服として活用できたので無駄にはなりませんでした。ですから、子どもが望むのであれば、礼服を用意するつもりで購入すればよいと思います。

2　先生にお願いしたいこと

〔1〕「誰のため、何のため」の支援なのか検証を

学校が「子どもを学校に戻す」ことを不登校の解決と考えている限り、事態は改善されないでしょう。不登校は、子どもと学校との関係の中で起きている現象です。これは、「学校に原因がある」ということではなく、子ども・家庭・学校の三者の相互関係、相互作用の中で生じているという意味で、この三者関係に何らかの不具合が生じているために起こっています。

ですから、一方の当事者である学校が「学校に戻ることが解決」と初めから方針を決めてしまうと、「学校にくることのできない子どもに問題がある」という考えになってしまいます。このように「不登校＝問題行動」と考えると、それを治すこと、つまり学校に戻すために働きかけることが対応策の中心になってしまいます。こうしてますます本人を追いつめ、「二次障害」を引き起こして深刻な事態を生む事例がたくさんありますが、これは次章で説明します。

子どもは一人ひとり成長のプロセスもスピードも違いますから、学校の決めた枠組

みに合うか合わないかで子どもを評価しないでください。不登校も「その子の成長にとって必要なプロセスかもしれない」と受け止め、「その子に対する自分たちの関わり方や学校環境はどうだったのだろうか」ということを検証していただきたいのです。

学校復帰の支援は、「学校のための方針」になっていないでしょうか？　支援の目的は子どもが元気になることです。元気になって学校に戻る子もいれば、学校以外に自分の道を見付けて進む子どももいます。学校復帰は「目的」ではなく「結果」のひとつと考えていただきたいのです。

⑵　学校のスケジュールで振り回さないで

子どもが不登校という形でエネルギーを溜めるのに必要な時間も、動き出す道のりも様々なので、学校側の都合で働きかけてもうまく行きません。「新学期になったら」「学年が変わったら」などの期限目標を設定したい気持ちは分かりますが、それはあくまで学校のペースで、子どものペースと一致するとは限りません。タイミングよく一致すればいいですが、そうならなければ「やっぱりダメだった」とみんなガッカリし、子どもはさらに辛くなります。

また、楽しい行事なら大丈夫ではないかと考えて、修学旅行や文化祭などへの参加を目標にすることがよくありますが、仮に参加できたとしても、受け入れる側がその子の状況をきちんと理解していなければ、辛い思いをさせる恐れもあります。

長女は「文化祭は楽しいから」と誘われ出かけましたが、出番もなくポツンと一人で過ごし「ここに自分の居場所はない」と思い知らされ、いたたまれなかったそうです。その他の学校行事や「試験だけでも受けよう」と出かけたこともありましたが、同級生から「こんなときならこられるんだ」と言われて、さらに辛くなったと言います。

保健室登校などで子どもが動き出したときも、「次はいつクラスに入れるか」など と焦って目標設定をしないでほしいのです。子どもが再登校したときは、一〇〇%以上の力を出している、言わば「過剰適応」の状態であり、「長く続かなくても当たり前」と考えてほしいのです。ですから、不登校を繰り返しても、周囲が「またか」と嘆いたり焦ったりせず、上手に手抜きできるよう手助けしてください。

(3)　家庭訪問は慎重に

子どもの様子を知りたいという気持ちは分かります。近年は、長期間子どもの状況が分からなかったケースで、ネグレクトなど児童虐待の状態にあったという事件もあり、子どもの安全確保について学校の責任も問われますので、なおさらだと思います。

しかし、子どもの状態について、学校はもとより地域の人たちが全く分からないというのは、その家庭が地域とすっかり交流を絶つなど極めて特殊な状況だと思います。その場合は、学校だけで対応できることではなく、児童相談所や市町村の児童福祉部局、民生委員・児童委員など地域の関係者のネットワークによる取り組みが必要になるでしょう。

不登校は、何らかの事情で、子どもにとって学校が強いストレス要因になっているのですから、先生の家庭訪問自体が大きなプレッシャーとなります。まして、先生が「学校に早く戻したい」という気持ちで訪問すれば、ますます子どもを追いつめることになります。

また、「保護者からも頼まれるので家庭訪問している」という話を聞きますが、これも保護者が焦って子どもを何とか登校させたいという気持ちから依頼することが大半ですから、やはり子どもを追いつめてしまいます。長年の相談活動の中で、子どもから先生の家庭訪問を希望したという話は記憶にありません。

(4) 「家庭訪問で復学できた」という報告も聞きますが

先生方の研究集会などで、粘り強い家庭訪問で学校復帰に漕ぎ着けたという体験談をうかがうことがあります。しかしそこに共通しているのは、先生が純粋にその子どもと会って一緒にいることを楽しみ、ゲームや他愛のないおしゃべりをして過ごすうちに、子どもが先生になつき、気が付いたら学校に通い始めていたというものです。おそらくその先生は、「学校の匂いをさせない」ことをしっかりと意識して行動されたのだと思います。これもまた、学校復帰を目的化しなかったからこそ結果が付いてきた事例と言えるでしょう。

その一方で、子どもの部屋まで押しかけ、中には蒲団をはぎ取って学校に連れて行ったなどという困った「熱血教師」の話もよく聞きます。その中には、子どもが翌日から自室に閉じこもり、長期間親とも接触を拒否したという深刻な事例もあります。行き過ぎた使命感が、とんでもない結果をもたらすのです。

どんなときでも一番大事なのは、子どもの気持ちです。登校しないということそのものが、子どもの意思表示と認識すべきです。子どもの様子は保護者やその子どもと関わりのある第三者を通じても把握できるはずですので、何が何でも先生が直接出向かなければならないというものではありません。そのことで、学校と家庭、子どもとの関係をこじらせては問題解決は遠のくばかりです。

(5)「友だちのお迎え」は危険です

朝の同級生のお迎えや、放課後に様子を見に行かせるのもやめてほしいと思います。長女は「友だちの朝のお迎えがとても辛かった」と言っています。初めのうちは何とか玄関で会うのですが、やがてそれも辛くなり顔を見せることができなくなりました。そこで同級生はメモなどでメッセージを残して行くのですが、読むどころかそれに手を触れることも恐怖で、必死に指でつまんでゴミ箱に捨てたそうです。これは体験者からよく聞く話で、中には手でさわることができず、箸でつまんでゴミ箱に捨てたという人もいました。

次女のときは、朝のお迎えはお断りしていましたが、放課後に遊びにくる子どもたちはいました。しかし、先生に頼まれてきただけだと分かる場合があって、そんなときは全然楽しく遊べなかったそうです。また、ホームルームの時間にでも先生の指示で書いたであろう同級生全員からの「学校へおいで」という手紙も度々あり、それがとても辛くて、部屋で一人泣いてしまったと話しています。

子どもたちの気持ちを想像してみてください。友だちに誘われても行けないという辛さに加えて、「せっかくきてくれたのに申し訳ない」という負い目のダブルパンチです。友だちにしてみても、「せっかく迎えに行ったのに」とがっかりしたり、それが繰り返されると怒りの気持ちすら生まれ、友だち関係自体が崩れてしまうでしょう。また、責任感の強い子ほど「先生から頼まれた役目を果たせなかった」と自分を責めることにもなりかねません。

ただし、子ども自身が友だちがいなくなることに不安を訴える場合は、「誰と、どんなふうに遊びたいのか」をよく聞いて、その子がきてほしいと思っている相手に頼んでみるのはよいと思います。その場合も、決して「登校させるための手段」という考えを持たないでください。子どもは「大人のもくろみ」を実によく見抜きます。特に不登校の始まりのころは、友だちとの接触を嫌がり、拒否する場合が大半で、それは不登校の子どものとても自然な心理です。

(6)「怠学型」「遊び型」などの『分類』は有害無益です

不登校について、「無気力・怠学型」「情緒混乱型」「意図的な拒否型」「遊び・非行型」「複合型」などと分類して対応するのは有害無益です。「何か辛いことがあって学校にこられない不登校は仕方ないが、遊び型や怠学はだめだ」と考える方もおいでのようですが、本当にそうでしょうか。

不登校は、周りから見ればほぼ全員が「怠学」状態で、不登校の子どもが家で一生懸命勉強しているという話はついぞ聞いたことがありません。わが家の次女も、ゲームに没頭していた小学生時代はまさに「怠学」状態でした。

しかし、一度学校に関係するものから思い切って離れることがエネルギーを溜める近道ですし、いつも学校のことが気になり自分を責めていたのでは元気が出るはずがありません。「怠学型はダメ」というのは、そんな子どもの気持ちを理解せず、こちらの基準でレッテルを貼っているに過ぎません。

また、「遊び型」というのも誤解を生む表現で、「辛くて家にいる不登校はいいが、外を遊び歩く不登校はダメ」ということになりかねません。今でも「昼間、不登校の子どもを外に出していいんでしょうか」という親からの相談が結構多いのです。昼間に外へ出られるのはだいぶ元気を回復してきた表われですから、親が不安がったり止めたりしては、子どもの回復にブレーキをかけてしまいます。

わが家の次女も、初めは昼間の外出はできませんでしたが、本人が「不登校していてもよい」と思えるようになると、まずは欲しいマンガを買いに行き、そのうち自転車であちこち出かけるようになりました。もちろん勉強はほとんどしませんでしたから、これは「怠学型」「遊び型」ということになるのでしょうか？　ですが、しっかり「怠学」して遊んだことが、間違いなく次女の元気回復の元になり、ジャズダンスとの出会いにつながって行ったと考えています。

(7)「非行につながるのではないか」という心配について

「昼間はともかく、深夜徘徊は困る」という心配はよく分かります。非行につながったり、犯罪に巻き込まれる恐れもありますし、何か起きると学校の管理責任が問われますのでなおさらでしょう。もちろん先生も親も、「ダメなことはダメ」としっかり諭すことは大事ですが、お互いの信頼関係が崩れている場面では効果がありません。逆に、さらに反発を強めて学校どころか家にも寄り付かなくなるかもしれません。

まず必要なのは、なぜそんな行動に走るのか、子どもの気持ちを汲み取る姿勢だと思います。非行自体を容認するつもりはありませんが、親からも学校からも不登校を理解してもらえず、毎日責められるような状態だったなら、家も学校も嫌になり、非行仲間と一緒にいるほうがよほど居心地がいいということになってしまいます。

「遊び型の不登校は非行の引き金になる」のではなく、「遊び型」と決め付けることで子どもの気持ちを受け止めることができず、非行に追い込んでしまうのではないでしょうか。先生や親との信頼関係が崩れ、「聞く耳を持たない」という状態になってしまった場合は、直接子どもにぶつかるのではなく、第三者の力を借りることも考えてはいかがでしょうか。これは第6章でも触れます。

いずれにしても、こちらの想定するパターンに当てはめて対処しようとすれば、単なるレッテル貼りに終わり、子どもとの信頼関係を結ぶことはできません。

(8)「〜しか行けない」ではなく「〜に行きたい」という進路指導を

「高校中退問題」は依然として深刻な問題ですし、最近は学生の不登校や中退について対策を強化している大学や専門学校も増えていますが、この問題の背後に、中学校や高校の進路指導のあり方が影を落としているように思います。

もちろん大半の先生は、子どもの将来をしっかり考え、本人が後悔しないよう親身になって生徒と話し合う努力をされていると思います。しかし中学校の場合、「必ずどこかの高校に進学させる」ことが至上命題になりがちで、その結果「行きたい高校よりも行ける高校へ」という偏差値輪切りの進路指導になっていないでしょうか？

これは、先生の責任ばかりとは言えず、「ともかくどこかの高校に入れてほしい」という保護者の要望もあると思います。長女が中学校で事務のアルバイトをしていたとき、「高校に落ちた子どもの親が、学校に抗議にきたのでびっくりした」と話していましたが、そのような親の意識にも問題はあると思います。

次女が通信制高校に進学するときの話です。次女は中学校に二か月行っただけですから、高校受験をクリアできるような学力はありませんし、内申点も1しか付きませんから、客観的に見れば進学できるのは試験がない通信制しかありませんでした。しかし次女は「ダンスをやりたいから、時間が自由になる通信制に行きたい」と言って有朋高校を選びました。この「そこしかないから」と「何々をやりたいから行きたい」とでは、その後のモチベーションが全然違ってきます。

ですから、進路指導の場面で、子どもが「その高校（大学・専門学校）しか行けないから」という気持ちにならないようにしていただきたいのです。まして「頭が悪いからそこしか入れない」ような意識を絶対に持ってほしくありません。

（9）辛い状態にある子どもには「指導」よりも「寄り添う」ことを

一般的に学校は、「学習指導」「生活指導」など指導が命です。それがきちんとできる先生や学校が高い評価を受けます。これはこれでとても大事なことでしょうが、「指導」が大きな効果を発揮するのは、教える側と教えられる側に信頼関係が成立し、同じ方向を向いてともにがんばろうとしているときです。

例えば、「受験に合格したいからもっと勉強を教えてほしい」「大会で勝ちたいから練習をもっと強化してほしい」などというときは、先生の指導力や熱意が大きな力を発揮するでしょう。子どもに対して今より一段高い目標を設定し、その実現に向けて子どもの持つ力を引き出すという働きかけ、つまりある種の「引っ張る力」も求められるでしょう。

しかしこれは、悩みや辛さを抱え、学校や家庭ともうまく行ってない子どもに対しては逆効果になります。まず必要なのは、「指導」をいったん横におき、辛い状態に追い込まれている本人を丸ごと受け止め、「寄り添う」ことが必要です。

そして、本人が持っている回復力を信じて、その力を発揮できるよう支援するという関わりをお願いしたいのです。「受容と共感、傾聴の生徒指導」という言葉もよく聞くようになりましたので、是非そのように取り組んでほしいと思います。

これは子どもに限らず、大人でも辛い状態におかれた場合は同じだと思います。最近、精神疾患で休職する先生が増えて学校現場で大きな問題になっていますが、学校に限らず公務員でも民間企業でもやはり深刻です。私は先生方の研修会で、「精神疾患で休職中の同僚の見舞いに行ったとき、『○○部の地区大会が近いので早く治して出てきてください』とか『受験の時期なので早く戻ってください』と言いますか？」という質問をよくします。もちろん全員が首を横に振ります。

心が辛いとき、折れそうなときに、こちらの都合で励ましてはいけないことはみなさん十分ご承知のはずです。ならば、子どもたちにも同じように接してください。

(10)「親の会」なども積極的なつながりを

それと、学校だけで何とかしようとせずに、本人や家族とよく話し合った上で、地域の社会資源をもっと活用してはいかがでしょうか。例えば、自傷行為や家庭内暴力などが深刻な場合は、児童相談所や保健所、精神保健福祉センター、医療機関など専門機関の力を借りる必要もあるでしょう。また、「親の会」やフリースクール、フリースペースなどの当事者グループをもっと積極的に活用してほしいと思います。

残念ながら「親の会」などへの誤解や先入観があるのか、煙たがる学校もまだあります。確かに、学校とのトラブルや行き違いが不登校の背景にある場合は「親の会」の例会などで学校批判にも話が及ぶことがありますが、それは事の成り行き上出てくるだけで、学校批判が会の目的ではありませんし、学校そのものを否定するフリースクールやフリースペースはほとんどないはずです。

子どもがよりよく成長してほしいという願いは共通ですから、交流し理解し合う機会をもっと持ちたいと願っています。

第3章

ひきこもりに
どう対処したらよいか

1　ひきこもりとは何か

最近、ひきこもりへの関心が高くなっていますが、誤解や偏見も非常に大きく、総じて否定的イメージで、不登校以上に世間からは冷たい眼で見られるため、本人も家族もひどく苦しんでいます。

厚生労働省は二〇一〇年五月に公表した「ひきこもりの評価・支援に関するガイドライン」で、ひきこもりを「様々な要因の結果として社会的参加（義務教育を含む就学、非常勤を含む就労、家庭外での交遊）を回避して、原則的に六か月以上にわたって概ね家庭にとどまり続けている状態（他者と交わらない形で外出してもよい）を指す現象概念」と規定しています。

私はこの規定に疑問があります。まず、六か月という期間の根拠がよく分かりません。また、「家庭内にとどまり続けている」と言っても、そのことを家族が認め、安定した家庭生活が保たれているのならば、ことさらに「社会的参加を回避」などと問題視する必要はないと思います。しかし、一応これが国の公式見解です。

また、ひきこもりについては様々な偏見があって、それが混乱の原因になったり、必要以上に不安を煽って事態を悪化させる場合もありますので、精神保健における基本的な考え方を簡単に説明します。

ひきこもりとは、とても辛い体験をしたり、感受性が強いなど、人とのコミュニケーションが苦手な子どもや若者が、社会参加に強い不安を感じて、外との関係を断ち切ることで自分を守ったり、必要な休息を取っているプロセスのことです。病名や診断名ではなく、そのような状態を指す用語であり、厚労省の定義が示すように「現象概念」です。

このように、ひきこもり自体は取り立てて異常なことではありません。しかし、その状態が長引いて、そこから抜けることができなくなることで本人が苦しみ、家族関係にも問題が生じる場合も多いことから、支援が必要になります。

また、精神疾患との関係についても正しく理解する必要があります。例えば、統合失調症やうつ病の症状として他人と関わることができなくなった結果ひきこもりの状態になっている場合は、ひきこもり支援というくくりではなく、精神科病医院の受診など適切な治療を第一に考える必要があります。

不用意に本人を追いつめたために、強い対人不安や、手洗いをやめられないなどの強迫症状を訴えたり、拒食・過食の摂食障害やリストカットなどの自傷行為のほか、家庭内暴力が「二次障害」として現われる場合もありますので、これを防ぐような適切な関わりが必要です。そのためにも、きちんとした相談や支援の体制作りが求められます。

ですから、ひきこもりに対しても、「怠けている」「甘えている」などとこちら側の勝手な推測や価値判断で本人や家庭を非難したり、ましてや無理に引っ張り出して矯正・治療するようなやり方は絶対にしてはなりません。

2　不登校とひきこもり

私がなぜ「ひきこもり家族交流会」の活動を始めたかを簡単に紹介します。「アカシヤ会」は一九九三年に発足し、小中学生のお子さんが不登校になったという親御さんが大半でした。しかし、だんだんとお子さんの年齢が上がってきて、「高校に行かなくなった」とか「大学に進学したけど行けなくなって自宅に戻ってきて外に出なくなった」というお話が増えてきました。

不登校にもいろいろあって一概に言えませんが、中学校までは「無理に学校に行かなくても大丈夫」と親子ともども思えると元気になるのですが、高校生以上の年代では「中退するのは仕方がないけれど、その後どうするのか」という問題が出てきて、本人も親も悩みます。それに加えて青年期特有の心理的不安も重なり、精神疾患のような症状を訴える方もいます。

そこで、精神科医や保健師、スクールカウンセラー、医療ソーシャルワーカーなどの専門職の方々にもサポーターとして参加していただき、二〇〇三年に「道南ひきこもり家族交流会」を立ち上げました。

ひきこもり体験者には、「中学校で不登校気味だったが、がんばって高校受験した」とか「高校はだましだまし通ったが、大学進学後に行けなくなった」という方が結構います。国立精神・神経センターが二〇〇二年に全国の精神保健センター及び保健所に来所相談のあったひきこもりに関わる三二九三事例を調査した結果、相談者の六一・四％が小・中・高・短大・大学いずれかで不登校経験をしていたとのことです。

こうしたことから、「不登校を早く治さないとひきこもりになる」という意見になりがちですが、私は逆だと思います。つまり、「不登校がひきこもりの原因になった」というより、「しっかり不登校しなかった」「安心して不登校できなかった、させてもらえなかった」ために、結果としてひきこもりに追い込まれてしまったのです。

これは、うつ病の患者さんを励まして早く職場復帰させたはいいが、再発してさらに病状が重くなり、結局は退職してしまったという状況に似ています。不登校やひきこもりの人が全てうつ病というわけではありませんが、心が疲れ、大なり小なり抑うつ的な気持ちになっている場合が大半です。

そんな、本来しっかり休むべきときに、学校や職場に無理やり引っ張り出してしまうと、日常生活を過ごすために必要なエネルギーまで取り崩して動けなくなり、事態はますます悪化してしまいます。

ひきこもり支援に関わってあらためて思うのは、「焦らない」ことの大切さです。これは不登校やひきこもりの支援に限らず、周りが焦ってうまく行ったという話は聞いたことがありません。古来からの人間の知恵である故事・諺にも「急がば回れ」「急いては事を仕損ずる」などがあります。

ところが、これがなかなか難しいのです。例えば、小学校で何とか不登校を『治して』中学校に進ませたとするでしょう。すると中学校は、その生徒を一生懸命励まして、高校進学までつなげようとします。それが『うまく』行くと、高校も中退しそうになるところを励まして、何とか大学進学や就職させようと努力します。それは、各学校にとっては生徒指導上、進路指導上の成果と言えるかもしれませんし、その多大な努力に敬意を表したいと思いますが、その生徒がその後どうなったかまで学校は把握しているでしょうか？

「不登校」という形で出している子どものサインをよく理解せずに、「学校に戻れた」「進学できた」と『解決』を早合点し、子どもの辛い気持ちや悩みは何も解決されないまま先送りされただけで、後になってより深刻な問題として立ち現われる、それがひきこもりの背景にあります。

高校、大学と何とかクリアできても、就職してから、社会に出てからうまく行かずに立ち止まり、退却せざるを得なくなった若者が、今、若者サポートステーションなどに大量に押し寄せています。

3　成人期のひきこもり

最近は、不登校との関連だけでは説明できない事例が増えています。二〇一〇年七月に発表された内閣府の「若者の意識に関する調査」では、ひきこもり者は全国で六九万六千人にのぼると推計していますが、そのきっかけに「小中高校の不登校」を上げた人は一一・九%、「大学になじめなかった」が六・八%で、不登校との関連は合わせても二〇%以下です。

これに対して、第一位が「職場になじめなかった」と「病気」で各二三・七%、第二位が「就職活動がうまくいかなかった」の二〇・三%ですから、仕事に関する理由が四四%と不登校の二倍以上になっています。

このような傾向は、私が相談員を務める「はこだて若者サポートステーション」でも共通しています。二〇一〇年六月のオープンから二〇一四年一月までの三年八か月間で利用登録は七八三件に達しています。一度支援終了したものの様々な事情から再登録する方もいらっしゃいますので、利用者の実数で約六五〇名ですが、当サポステがカバーするのは、函館市を中心とする道南圏域の人口約四七万人の小さな地域で、それでもこれだけの方が利用しています。

もちろん全てがひきこもりの方ではありませんが、ひきこもり傾向にある方が多いのは確かです。利用者の平均年齢は二五・九歳で、大学生年代を過ぎた二十代後半以降の方が六〇％を占め、何らかの仕事経験のある方が七一％にものぼるのです。

私はこれを単に困ったこととは考えていません。なぜなら、彼らはひきこもることで一度立ち止まり、自らの命を守ったのかもしれないからです。警察庁の調査によれば、学生・生徒の二〇一二年の自殺者のうち、遺書などから「就職失敗」が原因・動機とされたのは五四人で、詳しい原因を公表し始めた二〇〇七年の三倍を超えました。これを三十歳未満の若者に広げますと、二〇一一年には一五〇人に達し二〇〇七年の二・五倍と報じられています。（二〇一三年四月八日付・及び五月十四日付『北海道新聞』）

また、過労や職場での対人トラブルでうつ病などの精神疾患に罹り、二〇一二年度に労災を認定された人は前年度より一五〇人増の四七五人と三年連続で過去最多となり、そのうち自殺に至った過労自殺（未遂を含む）の認定も、過去最多の九三人となっています。（二〇一三年六月二十二日付『函館新聞』）

ひきこもりを、自殺という取り返しの付かない事態や重症の精神疾患に追い込まれる前に撤退し、大切な休息を取っている最中ととらえれば、その見方も変わってくるのではないでしょうか。

体験者のお話をじっくりうかがうと、雇用条件や職場環境の変化、硬直した教育システム、余裕のない家庭環境など、今の社会が抱える様々な課題がその背景にあり、単に「今どきの若い者」の精神的・心理的病理や「弱さ」の問題として片付けるのは間違いだと実感しています。

このように、ひきこもり支援は、本人の辛い体験や気持ちに寄り添い、「ひきこもることの意味」を一緒に考えて行くことが出発点です。それが本人にとって必要なプロセスであり、大切な時間であることをしっかり確認し、「否定的な眼差しで見ない」という社会的意識を作り出すことが求められています。

「道南ひきこもり家族交流会」は、現在「あさがお」というニックネームで活動しています。これは、精神科治療を受けながら社会参加の方法を模索している当事者の女性から提案されたもので、「あさがおが朝に美しい花を咲かせるのは、夜の闇と冷たい空気があるから」という理由からでした。これには参加者一同、「ナルホド！」と感心し、満場一致で採択された次第です。しっかりと休息することでいつか必ず花開く、まさに「ひきこもることの意味」を言い当てていると思います。

4　親の疑問や悩み　Q＆A

〔1〕高校・大学中退がひきこもりにつながる？

本人のストレス要因を遠ざけることが回復の近道ですので、我慢に我慢を重ね追いつめられて病気のような状態になる手前で、「新しい道を探すための準備」という気持ちで中退するほうが、むしろひきこもりにつながる可能性は低くなると思います。

また、精神疾患で学業を続けることが難しい場合もあるでしょうから、その際は早めに適切な治療につなげ、しっかり療養することが先決です。病状が回復し、仕事をしたいという場合は「障害者生活・就業支援センター」など専門の支援機関を上手に活用することも検討してみてください。

もちろん中退を防ぐための取り組みも大切で、各学校でも力を入れているでしょう。全国の若者サポートステーションでは、「学校連携事業」として、サポステスタッフを学校に派遣し、中退リスクを抱えていたり卒業しても就職が難しそうな生徒・学生の支援も行なっています。ですから、どうしても中退せざるを得ず、その後の進路について思い悩んでいる生徒・学生に対しては、サポステの利用を勧めていただきたいと思います。

いずれにしても「中退は絶対ダメ」と頭ごなしに決め付け、それを押し付けようとしてもうまく行きません。そこに至るまでの経過やお子さんの気持ちをしっかり受け止め、説得ではなく、じっくりと一緒に考えるという姿勢で接してほしいのです。

(2) 子どもとコミュニケーションが取れない

「コミュニケーションを取ろう！」と肩に力が入っていると、かえってうまく行きません。ひきこもり体験者の方から「親は『コミュニケーション』と言うが、こちらにとっては『説得や指示』にしか聞こえない」というお話をよくうかがいます。親はあまり自覚していないのですが、ついつい「相手に働きかける」ような話し方になりがちで、それがコミュニケーションを阻害している場合が多いのです。

だからと言って、腫れ物にさわるような気の遣い方は必要ありません。それでは親も疲れてしまいますし、子どもも不自然さに気が付き、かえってギクシャクしますので、ごく普通の声がけに努めてほしいと思います。例えば「おはよう」「行ってきます」「おやすみ」などの挨拶はとて大切です。挨拶は相手の存在を認めているというメッセージですから、返事が返ってこなくても腹を立てないで、辛抱強く繰り返してください。

また、「こんなドラマが面白かった」とか「今度の選挙は○○を支持しようと思う」など、親自身が関心を持ち、感じていることを話題にするのもよいでしょう。ひきこもり者には、社会や政治問題に関心が高い方も多いので、結構会話が盛り上がることがあります。

また、話しかけるときは、「あなたは」「お前は」というように相手を主語にする「Ｙｏｕメッセージ」ではなく、「私は」「自分は」というようにこちらを主語にする「Ｉメッセージ」に心がけてください。そして、お子さんがどんな状態にあろうと、「あなたのことはいつも気にかけているので、力になれることがあったら言ってほしい」というメッセージを送り続けてほしいと思います。

（3）強いこだわりなど気になる行動が目立つ

こちらには「無意味」に見えても、本人にとっては「そうせざるを得ない」意味のあることですから、説得してやめさせようとしたり禁止したりすると、本人はさらに苦しさをつのらせ、行動がエスカレートする場合があります。

その行動が家族の生活にとって著しい困難を引き起こす場合は、その「事実」だけを告げ、協力をお願いするという姿勢で対応してください。例えば、長時間風呂場を占領し家族が使えなくて困ったときには、「これから出かけなければならないので、ちょっとだけ先に使わせてもらえないだろうか」とお願いしてはいかがでしょうか。もちろん、その外出が「口実」ではなく「事実」でないといけません。

また、ちょっとでも他人がさわったところはティッシュなどで繰り返し拭かないと気がすまないといった潔癖行動もよく見られます。この場合も、「そんな無駄なことをして」とか「もったいない」と批判しても逆効果です。むしろ、家計が許す範囲で、安価な品物を大量に一括購入し、安心して使ってよいと伝えておいたほうが、本人は落ち着くと思います。

家計の事情でそれが難しくなったなら、これも事実だけ説明してください。例えば、「これまでの購入費用は○○円で、収入が□□円に減るので、これから月△△円しか購入できない」などと具体的に話をし、決して「無駄遣いを抑える」ためではないことを説明してください。

もちろん、そのことで本人が苦しみ、何とか改善したいと考えているのであれば、強迫性障害に詳しい精神科医の受診を勧めることも必要でしょう。ですがこれは、あくまで本人の気持ちに添ったものでなければ効果はなく、「家族が困っているから何とかしたい」ということで働きかけてもうまく行きません。

(4)「死にたい」と度々漏らすので心配

「死んではだめ」と説得したり、「生きてさえいれば何とかなる」と慰めたり励ましたくなるのが人情です。しかしそれでは、「辛い気持ちを分かっていない」と受け取られ、さらに本人の気持ちは落ち込んでしまうかもしれません。親や周囲の人にできるのは、「死にたい」と思うほど辛い気持ちをひたすら「聴く」ことであり、そのような気持ちに至る状況を共感し、理解してあげることだと思います。

こちらの考えを伝える場合は、「死んではいけない」ではなく「死んでほしくない。そうなったら私はとても悲しい」と自分自身の偽りのない気持ちを伝えてください。

また、親だけでは支え切れない場合もあるでしょうから、「命の電話」なども紹介してはいかがでしょうか。そして、このようなことが繰り返し起きるようであれば、うつ病による希死念慮の可能性もありますので、できるだけ早く受診するように説得することも必要です。

（5）家庭内暴力にどう対処すればよいだろうか？

これはとても深刻な事態ですが、そこに至るまでにはよほどのことがあり、子どもにとって「そうせざるを得なくなって、突き動かされるよう行動してしまう」結果なのだという理解が必要です。しかし、暴力自体は決して許されることではありません。まして、こちらも力で対応すれば事態がエスカレートするばかりですから、必要なのはまずその場から逃げることです。

「子どもがこうなったのには自分にも責任がある」という自責から、「贖罪」のつもりで暴力を甘受するということには、私は賛成できません。暴力を振るう子どもは、自分が正しいことをしていると思っているわけではなく、むしろ「悪いことをした」と後悔していますので、暴力を甘受するとそれを正す機会を失うことになりかねないからです。さらに、それがエスカレートすれば子どもを犯罪者にしかねません。

このようなことがしばしば起きるようであれば、避難先を確保しておいたり、何日か分の荷物やお金をすぐ持ち出せるように準備しておくことも必要です。もちろん、避難した後はそのまま放っておくのではなく、電話やメール、メモなどで「暴力を振るわないと約束すれば戻る」「当座のお金や食料は○○にあるのでそれで暮らすように」と本人に知らせ、決して見捨てたわけではないことを伝えてください。

(6) 精神疾患や発達障害かもしれないが受診を拒否する

これも例会や相談会などで必ず出される悩みです。一人ひとり経過や表われ方が違いますから一くくりにできませんが、共通して言えるのは、本人が自分の現状をとても辛いと感じ、「何とかしたい」という気持ちにならないと受診を勧めても乗ってこないということです。

親御さんは「いつになったらそんな気持ちになってくれるだろうか」と心配でしょうが、「ひきこもっている本人が一番辛く、今のままでよいとは決して思っていない」と理解してあげることが、まずは出発点になると思います。「こちらが何かやらないと、いつまで経っても本人は動かない」という気持ちからあれこれ提案しますと、それは「本人のため」のように見えても、「親の不安感を解消するため」の行動に終わってしまい、相手の心には響きません。

よく「病院に相談に行ったが、本人がこないとどうにもできないと言われた」という話を聞きます。「本人を何とかしてほしい」ということで相談しても、本人が受診しない限り診断できませんので、医師としてはそう答えるしかないでしょう。

親御さんご自身が「子どもは精神疾患や発達障害ではないか」と心配なのであれば、「子どもを何とかする」という気持ちをいったん横において、保健所や市町村の精神保健相談担当窓口、精神保健福祉センター、発達障害やひきこもりに関する専門の相談機関にご相談ください。全国各地に「発達障害者支援センター」や「ひきこもり成年相談センター」も開設されていますので、「そのような病気や障害があるとすれば、どのように子どもと関わったらよいか」について専門家のアドバイスを受けてはいかがでしょうか。

つまりこの場合は、親御さんがクライアント（相談者）になります。もしお子さんがひきこもる背景に精神疾患や発達障害があるとすれば、その特徴を正しく理解し、適切に関わらないと本人の状態がさらに悪くなりますから、親御さんご自身の学習がとても大切になります。その際は、限られた相談時間をより有効に活用するために、お子さんの小さいときからの様子や、お子さんのことで気になるエピソードなどを簡潔に整理して記録したものを、事前に送って見ておいてもらうのがよいと思います。

当地には、ひきこもり当事者グループ「樹陽のたより」があります。ここでは毎月例会を開き、一〇人前後の若者が参加していますが、最近は「アスペルガー症候群」などの発達障害の診断を受けた方が半数を超えるときもあります。

その方の多くが、「どうして自分はうまく行かないんだろう」と悩み、ひきこもる時期もあったけれど、診断を受けることで自分自身に納得が行き、そのような特徴を周りの人たちに説明し分かってもらう努力をして、仕事やボランティア活動などに参加できるようになった、という体験を語っています。

このように、病院への受診や診断は「目的」ではなく、苦しさを少しでも軽くし、生活の質を改善するための「手段」であることをあらためて確認したいと思います。

〔7〕「サポステ」や相談機関を勧めるが乗ってこない

これも「（6）　精神疾患や発達障害かもしれないが受診を拒否する」と同じことで、やはり本人が必要だと思わなければ、動かないでしょうし、無理に勧めても長続きしません。その場合、「若者サポートステーション」や発達障害・精神障害に関する相談機関では、親御さんからの相談も受けているはずですから、まずはご自身が出向いて見学し、その内容を知ることから始めてはいかがしょうか。「はこだてサポステ」でも、相談件数の一二％は家族からのご相談です。その上で、お子さんにとって役に立ちそうであれば、「行きなさい」ではなく「こんなところもあるよ」という情報提供をするのがよいと思います。

ただ、この「情報提供」も曲者《くせもの》で「（2）　子どもとコミュニケーションが取れない」でも述べましたが、ひきこもり体験者の方から「親は『情報提供のつもり』と言うが、当時の自分にとっては『そこに行きなさいという指示』にしか聞こえなかった」という話をよくうかがいます。「そんな状態では困るから早く何とかさせたい」という焦りが強くあると、「情報提供＝指示」になってしまいます。あくまでも「親の希望」ではなく、「本人のためになる」ことを理解してもらうことが大切です。

〔8〕「家族会」への参加をどう伝えれば？

これもよく出される悩みです。お子さんの状態や親子関係の状況にもよりますから一概には言えませんが、親子の意思疎通がある程度できている場合は参加していることを伝えても問題ないでしょう。

ですが、コミュニケーションが取れず関係がぎくしゃくしているときは、慎重にしたほうがよいと思います。その場合でも、隠し通す必要はありません。膠着状態が長く続いている場合は、会報やチラシを本人の目に付くところにさりげなくおいておくことで、親の気持ちが伝わり、親子関係を変化させるきっかけになることもあります。

会に参加していることをお子さんが知って反発したり、やめるように要求する場合には、「あなたをどうにかしようということで参加しているのではなく、自分が勉強するために参加している」こと、そして「同じような体験をしている家族や体験者の話を聞き、あなたにとって何か役に立てることはないか考える機会になっている」と、はっきり伝えていただきたいと思います。

(9)「お小遣い」を渡す必要はあるだろうか?

これも意見が分かれるところです。「働いてもいない大のおとなにお金を渡すなんてトンデモナイ」というのは感情論としては分かりますが、本当にそうでしょうか?本人の自由になるお金がないと、やがて「何も欲しくない、買う必要もない」という気持ちになって行きますし、それでは社会に出て行く意欲も湧いてきません。「消費」というのは社会と関わる貴重な機会ですから、本人が自由に使うことのできるお小遣いを家計の許す範囲で定期的に渡すことは、「生きる意欲」を持ち続けるためにとても大切なことだと思います。商品やサービスを購入すれば消費税を納税することになり社会にも貢献しますので、「買い物は社会に役立つ」ことも伝えてお小遣いを渡してはいかがでしょうか。

先ほど紹介した「樹陽のたより」のメンバーで障害年金を受給している方々は、異口同音に「自分の自由になるお金があることで、心がとても軽くなった」と語っています。「お小遣い」は「親への負い目」を伴いますので、もらうお子さんにとっては年金と同じ気持ちにはなれないかもしれませんが、それでも使途を特定されない、自分の判断で使うことのできるお金があるのとないのとでは、本人の生活は大きく違ってきます。

また、お小遣いのほかにも「携帯を持たせてよいか」「パソコンやネットはどうしたらよいか」という話もよく出されますが、これも基本的には同じです。当地の例会でもある親御さんから、「働いてもいないのに子どもが携帯を欲しいと言ってきたが、どうしたらよいか」という相談があり、みんなで話し合ったところ「持たせたほうがよいのではないか」という意見が多く出されました。

その親御さんは当初は不本意ながら携帯を持たせましたが、今はそれが親子のコミュニケーションに大きな役割を発揮しているそうです。ひきこもってナーバスになっているお子さんにとって、親に面と向かって話することは大きな緊張を伴いますので、携帯やパソコンのメールを通じたやり取りが効果的な場合も多いようです。

(10) 要求がエスカレートしたらどうしよう？

お小遣いにしろ携帯やネットにしろ、一度認めると際限なく要求がエスカレートするのではないかという不安を持つ親御さんもいるでしょうが、最初に金額の上限について説明し、その範囲でしか対応できないことを明らかにしたほうがよいと思います。「(3) 強いこだわりなど気になる行動が目立つ」の「こだわり」行動への対処でも述べましたが、家計の事情を具体的に明らかにし、「だから今は○○円までしか協力できない」と説明するように努めてください。「働いてもいないのに贅沢だ」というような言い方や雰囲気にならないように心がける必要があります。本人は口に出して言わなくても、十分に「肩身の狭い」思いをしていますので、それでは追い打ちをかけることになります。

親はどうしても「正論」「常識」で子どもを説得したくなりますが、このような状態に追い込まれている子どもにとっては、ほとんど無意味なだけでなく、むしろ逆効果です。必要なのは説得ではなく「事実の説明」ですから、金銭にからむ問題は「家計の情報公開」で対応してほしいと思います。

(11) 親も高齢化、面倒を見られなくなったらどうすればよいだろうか？

このことも毎回の例会で出されますし、ひきこもりにおける究極の悩みかもしれません。しかし、無責任なようですが、これはおそらく「そのときにならなければ分からない」のだと思います。そのとき日本の社会保障制度がどのようになっているかも大きく影響するでしょうし、お子さんの状態が未来永劫変わらないと決め付ける必要もありません。人間は変化する生き物ですし、死ぬまで何らかの成長を続けます。

親御さんの要介護状態が進むなどして在宅生活が困難になり、お子さんと一緒に暮らすことができない可能性が出てきたならば、まずは親御さん自身が安心して生活できる方法を考えることが先決です。

お子さんがひとり家に残った場合、どのようにその生活を支えるか、それぞれの家庭の経済状態やお子さん自身の生活能力の問題などによって異なるでしょうが、必要に迫られてお子さんが動き出すこともあるかもしれません。しかし、本人が食事や掃除、身の回りのことができないという状態であれば、ひきこもり支援という枠組みではなく、生活困難者に対する支援の問題として考えて行く必要があるでしょう。

高齢者の生活相談全般を担う「地域包括支援センター」が各地にできていますので、そちらに相談するのもよいと思います。同センターが直接お子さんの支援をすることはできないでしょうが、利用できる制度や支援機関などとの橋渡しをしてくれるかもしれませんし、お子さんが介護保険の要支援状態になれば支援対象となります。

いずれにしても、具体的な解決の手立てが見付からない「将来の不安」に心をすり減らし、そのことでお子さんとの関係をさらに悪化させるよりも、親御さん自身が今の自分の生活を、精一杯楽しむことが大切だと思います。

多くのひきこもり体験者が「自分のことで苦しむ親を見るのが辛かった。親には自分の生活を大事にして楽しんでほしい」と話しています。親御さんにとって有意義で楽しい世界が広がると、その心の中に占める子どもの悩みの比重が相対的に小さくなります。それによって、お子さんとの「適度な距離感」を保つことができるようになることもあると思うのです。

第4章

いじめ・体罰にどう対処したらよいか

1　わが家のいじめ体験

〔1〕　長女の体験から

長女は小学生のころから、休み時間いつも一緒、トイレに行くのも連れ立って、といった女子のグループの雰囲気に馴染めず、またみんなが盛り上がっている芸能界の話題などにも自分の趣味と違うので付いて行けずにいるうちに、孤立しがちになっていたそうです。

そのことで女子からいろいろ嫌がらせを受けましたが、長女は当時、それは「いじめ」ではなくただの「からかい」だと自分に言い聞かせていたので、そのことで学校を休むなど、考えも付かなかったとのことです。

しかし中学校では、長女が孤立気味だったことに付け込んだ男子のグループに執拗に狙われ、殴る蹴るの暴力やひどいデマを流されるなどいじめがエスカレート、ついに耐え切れず、学校に行くことができなくなったそうです。そのことを長女が私に話してくれたのは、彼女が二十歳を過ぎてからでした。

私はこの話を聞いたとき、長女に「なぜ親に話してくれなかったのか」と尋ねました。すると長女は、「親に心配をかけたくない」という気持ちや「親が怒って学校に話を持ち込んだら、その後仕返しされるのが怖かった」という考えももちろんあったけれど、それ以上に「口に出してしまうと、自分がいじめられていることを認めてしまうことになり、その惨めさに耐えられなかった」と話しました。

二十歳くらいになり、彼女なりに自分の生活の方向性が見えてきて、生きることに自信を持てるようになるまで、口に出すこともできなかったのです。これはわが家に限らずよくうかがう話です。子どもがいじめについて語ること自体がとても大変なことなのだということを、周囲の大人はしっかり理解しなければなりません。

このように私は、いじめというたいへんな状態の中に、子どもを必死に送り出していたわけです。「わが子が不登校で教えてくれたこと」を出版するとき、家族の話でも個人情報ですから、本人たちの了解が必要です。そこで娘たちと妻に原稿を繰り返し確認してもらったのですが、そのときに初めて長女は自殺を何度も考えたと語り、私は心臓が凍る思いをしました。

この初版原稿を執筆したのは二〇〇四年ころですので、長女の心底辛い気持ちを知ったのはわずか一〇年ほど前に過ぎません。親は子どものことを知っているつもりでも、肝心なことを理解していなかったと思い知らされ、恥ずかしくなりました。

ですから、最近の大津いじめ自殺事件を始め、繰り返されるいじめ自殺の報道を目にする度に、わが家も一歩間違うと同じ状況になったかもしれないと思い、胸が苦しくなる次第です。

(2) 次女の体験から

次女もやはり姉と同じように、同一歩調を求められる女子のグループになじめなかったようです。次女はどちらかと言うと、自分の思ったことをはっきり口に出すほうだったので、中学校入学後に先生の質問にも大きな声で「ハイ」と手を挙げたり、音楽の時間に「大きな声で歌いましょう」と言われたので大きな声を出したら、自分だけが目立ってしまったというようなことが度々あったそうです。

あるとき先生から、「お宅のお子さんは帰国子女のようですね」と言われたことがありました。外国生活、特に欧米の生活が長い場合、学校の雰囲気が日本とずいぶん違っていて、帰国してから学校生活になかなか馴染めず、いじめのターゲットにされるという話をよく聞きます。

小学校四～六年生の間、「学校生活」を経験していなかったこともあり、次女は、中学校では周囲からは変わった子に見られたのかもしれません。間もなく格好のいじめのターゲットにされます。このいじめグループは学校の外でもいろいろトラブルを起こしていましたので、学校もいち早く異変に気が付き、いじめを解決するので学校にきてほしいと言われました。ですが次女は、「もう学校はいい」という感じで、言わば自分から学校に見切りを付ける形で、入学式から二か月で行かなくなりました。

結局次女は、その後全く学校に行かないまま卒業しましたので、義務教育九年間のうち、後半の六年間はほとんど学校に行かないで過ごしたことになります。しかし、次女が不登校をしてくれたおかげで、いじめの中に彼女を晒さないですんだことを、私は本当によかったと思っています。

2　いじめへの対処の鉄則

私が考えるいじめへの対処は極めて簡単なことで、「危険なところに行かない」、つまり、まずは「学校を休んでいじめから逃げる」ということです。これは特別な話ではなく、身の安全を守るための基本です。福島の原発事故では、一定以上の放射線量の地域は自分の土地や財産があっても立入禁止になってますし、重大な災害の危険性があるときは、行政の責任において避難命令も出します。

学校プールの排水溝に子どもが巻き込まれ亡くなる事件が続いたことがありました

が、そのとき、子どもたちを泳がせながら修理したでしょうか。すぐにプール授業は中止し、完全に修理がすみ安全確認されてから授業を再開したはずです。このような安全管理は、いじめが発生している学校にも適用されるべきだと思いますが、この意見には必ず次のような疑問や批判が出てきます。

第一は、「人生には辛いことがたくさんあり、そのたびにそこから逃げていては生きて行けない。子どものうちから困難から逃げずに打ち克《か》つ強さを持つように教育しなければならない」という意見です。

確かに、一般論としては、そのような心がまえも必要でしょう。しかし、いじめは人権侵害であり、個々の行為には、暴行や恐喝などの犯罪もありますし、無視や暴言、陰湿な嫌がらせなどは取り返しの付かない精神的なダメージを与えます。

石川県加賀市の小学一年生の女の子が同級生からいじめを受けてＰＴＳＤ（外傷性ストレス障害）を発症し、保護者が損害賠償を求めた裁判がありました。二〇一二年十一月、金沢地方裁判所小松支部は、二学期から同級生がその子を階段で押し倒したり、「きもい」などと言ったために学校に行けなくなり、二年生なってＰＴＳＤを発症したという医師の診断を認め、加賀市と同級生三人の保護者六人に約七百万円の支払いを命じました。（二〇一二年十一月二日付『北海道新聞』）

「低学年ではいじめと悪ふざけの区別が付きにくい」という先生の話をよく聞きます

が、このような診断が認められるのですから、いじめが与えるダメージの大きさを、大人はもっと深刻に考えるべきで、しっかりとアンテナを張って子どものSOSをキャッチする責任があります。「辛いことに耐えるのも人生経験」と言う人も、まさか「人権侵害や犯罪被害に耐えるのも人生経験」などとは言わないでしょう。

第二は、「加害者に謝罪させ、仲直りさせていじめをなくすことが先決」という意見です。しかし、「仲直り」とか「謝罪」が表面的なものに終わると、事態はもっと深刻な、取り返しの付かないことになることがあります。これについては、後ほど「いじめ自殺裁判の教訓」で触れたいと思います。

第三は、「加害者を出席停止にすべきで、そうでないと不公平ではないか」という意見です。私もいじめ被害者の親として、感情論としてはよく分かります。また、出席停止はともかく、「クラス替えでいじめた子どもを離せば、登校できるのではないか」という意見もよく聞きます。しかし、「加害者がいなくなった＝いじめの原因が取り除かれた」から大丈夫と単純に考えることはできません。

なぜなら、いじめによってその子の心は大きく傷付いていますので、「いじめっ子がいなくなったからもう大丈夫だよ」と言うだけでその傷が回復するはずがありません。そもそも人間の心は、傷付く状態に追い込まれた原因がなくなったからと言って、すぐに回復するような単純なものではないことを、私たちは日々の暮らしの中でもしばしば経験しているのではないでしょうか。

いじめられた後とそれ以前とでは、子どもの心の状態が全く違いますので、受けたダメージから回復するにはとても時間がかかります。まずはゆっくり休養させてあげることが、回復への近道なのです。

つまり、「加害者の出席停止」を被害者を学校に戻すための手段と考えても全く意味はなく、それが加害者に対する指導として効果的なのかどうかで考えるべきことです。加害者も別ないじめの被害者になっていたり、虐待を受け、ストレスのはけ口を求めていじめに及ぶ場合もあるでしょう。だからと言っていじめが決して許されないのはもちろんですが、このような場合は、加害者へのケアも必要ですので、出席停止がそのことにどのように影響するかなどを総合的に判断する必要があるでしょう。

第四に、「学校に通わないと子どもはちゃんと成長できない」とか「不登校が長引くと進学などが不利になる」という意見もあるでしょう。これは要するに「子どもがきちんと社会人になるためには学校に通う必要がある」ということでしょうが、そうではないことは第二章で説明した通りです。

3　いじめ自殺裁判の教訓

〔1〕小川中学校事件

これから紹介する「いじめ自殺裁判」の結果は、「いじめで辛いときは、ただちに学校を休んだほうがよい」ということを図らずも裏付ける内容になっています。

まず一九九〇年十二月十六日に、福島地裁いわき支部で判決がくだされた小川中学校事件です。これは一九八五年に、いわき市立小川中学校三年生の男子生徒が、同級生からの激しいいじめにより自殺したことに対し、遺族が学校設置者であるいわき市を被告として損害賠償計八千三百万円を請求した民事訴訟です。

判決では、まず第一に、自殺の主因を悪質ないじめと認め、学校側に安全保持義務違反があるということで、学校側の過失を認定しました。さらに、学校側に安全保持義務違反があったかどうかの判断は、そのいじめが被害者の心身に重大な危害が及ぶような悪質なものであるという認識ができれば十分で、被害者の自殺を予見できたかどうかを問う必要はないと指摘しています。

これはとても重要な指摘です。「いじめ自殺」をめぐる報道の中で「いじめを防げなかったことは申し訳ないが、いじめと自殺の因果関係がはっきりしないので、自殺についての責任まで負えない」といった趣旨の発言をする学校関係者がいますが、このような言い逃れはできないことをこの事件は教えています。事件から二十年以上も経っているのに同じような言い訳が繰り返されているのは、とても情けないと思います。

その一方で、子どもや学校の現実を理解しているとは思えない判断もくだされています。この判決では学校は自殺の予見をできなかったとしています。その理由について、「教師や家人に対する深刻な訴えがない」「顕著な登校拒否症状がない」ことを挙げています。

【註】判決文では「通常、いじめを受けて自殺を考える程に苦悩しているというのであれば、その前兆として、教師に対する必死の訴えがあり、それ以上に家人に対する悲痛の叫びのようなものがある筈であり、また、何はともあれ顕著な登校拒否症状が生ずるであろうと考えられる」と指摘し、学校が「A（被害者の氏名）にとって、自殺を考えるほどの苦痛は学校生活にはないであろうと判断したとしても、そのこと自体を非難することは出来ない」と述べています。

しかも、そこからさらに被害者側にも落ち度があるとして、過失相殺が認定されています。過失相殺とは、例えば車対人の交通事故が起きた際、車にひかれた歩行者側に信号を無視したとか、横断歩道ではないところを渡っていたという過失があった場合、「五対五」とか「三対七」などと過失割合が算定され、その分損害賠償額が減額される制度です。

この事件では、過失相殺について、「登校拒否をしないで学校に通ったこと」を被害者の過失として四割、保護者についても「被害者が学校に行くのを嫌がっていることを感じ取れたにもかかわらず、学校に通わせたこと」を三割の過失とし、残り三割を学校側の過失として認定したのです。

【註】判決文では、原告の保護者の過失について「B（Aの祖母）の指導の重点は、あくまでAを学校に行かせることにあり、したがって、Aが学校に行くのを嫌がっていることを感じ取れたにも拘わらず、その原因を思いやることをせずにひたすら出席させ（中略）、このような対応は、原告Bの熱意とは裏腹に、ただAの逃げ道を狭める結果となり、Aをますます窮地に追い込むこととなったといわざるをえない」と述べています。

また、被害者の過失については、「①担任や家族らに対し一部始終を打ち明けて助けを求めたり、②せめて登校拒否をするというようなことさえできなかったのかということはいってもよさそうである」と述べています。

長女もそうだったように、いじめに遭っている子どもが家族にもなかなか打ち明けられないというのはよくあることですから、このような判断は子どもの心情を全く理解していません。不登校になっていないから周りもそんなに深刻に考えなかったという判断も、子どもにとって学校に行かないということがどんなに大変なことかということを、全く理解していません。

ですから、子どもが学校に行き渋り、いじめの兆候を感じたなら保護者はまず子どもを休ませ、学校も子どもが安心して欠席できる環境を作ることが、深刻ないじめ被害を防ぐために何よりも必要であることを、私たちにはこの判決から学ぶべきだと思います。

〔2〕 知覧町いじめ自殺事件

二〇〇二年一月二十八日、鹿児島地方裁判所は、鹿児島県知覧町の中学三年男子生徒が集団暴行などのいじめにより自殺したことに対して、両親が加害者五人と学校設置者の知覧町に損害賠償を求めていた民事訴訟で、いじめの事実を全面的に認め、元生徒に四四三八万円、知覧町に一三二〇万円の支払いを命じました。

これも民事訴訟ですので、過失相殺の判断が示されました。判決では、原告両親が自殺の前日に子どもから被告生徒らに暴行を受けていることを聞いていたけれども、加害者とその両親が原告宅を訪問し、形ばかりの仲直りをさせたことで解決したと考え、自殺の朝にも学校に行くように説得したことなどを「原告両親の過失」と認定し、四割の過失相殺を認定しました。（『不登校新聞』二〇〇二年二月十五日・第92号）

先ほど、「仲直り」とか「謝罪」が表面的なものに終わると事態はもっと深刻になる、と述べたのはこのことです。「相手が謝って仲直りしたのに、それでも学校に行かない」ということになれば、今度は被害者のわがままということにされてしまい、ますます学校を休むことができなくなり、まさに逃げ道を塞いでしまいます。

こんなに重大な「いじめ自殺」裁判の結果について、例えば学校での研修会などでしっかり伝えられているのでしょうか。先生方の研修会では、最近なるべく紹介するようにしていますが、「初めて聞いた」という方がほとんどで、学校現場にはあまり伝わっていないように思います。

このように、いじめ自殺に関わる民事訴訟では、いじめられても本人が学校に通い続けたり保護者が通わせ続けようとすれば、それが過失になる場合があるのです。「いじめられたら学校を休んでもよい」という考え方が社会に浸透していない現状にもかかわらず、このような過失相殺が適用されるというのは納得しがたいですが、いじめに遭ったりその兆候があった場合は、しっかり学校を休ませてわが子を守る必要があることを、いみじくもこれらの判決は教えています。

ですから親は、いじめが疑われる場合は、学校に対しそのことを説明し、「子どもの安全確保のために欠席させます」ときっぱり伝えてください。いじめの確証がなくても、子どもが学校に行き渋ったり、行くのがとても辛そうであれば、「いじめがあるかもしれない」と考えて予防的に休ませてほしいのです。

そして学校に対して、「いじめがあるかどうかはまだ分かりませんが、学校に行くのが辛そうなのでしばらく休ませます」と伝えてください。さらに「仮にいじめがあったとすれば、うちの子が行かなくなることで、別の子がターゲットにされる恐れがありますので、クラスの様子には十分ご注意ください」ということも伝えてほしいのです。重大な事件が起きてからでは遅いので、先生方にも注意を払ってもらうよい機会になると思うからです。

4　長女夫妻への取材記事より

二〇〇五年九月、北海道滝川市立江部乙小学校の六年生女子児童がいじめを苦に教室で首つり自殺を図り、二〇〇六年一月死亡するという事件が発生しました。当初教育委員会はいじめはなかったと発表しましたが、遺族が新聞社に遺書を公開、全国的にも大きな関心を集め、その後いじめ自殺に関する報道が相次ぎました。

『北海道新聞』も「いじめ　なくそう」という特集を連載し、二〇〇六年十二月三日に私の長女夫妻への取材記事が掲載されました。担当記者の方から打診されたとき、私は取材によって長女がフラッシュバックを起こすのではないかと心配だったのですが、長女は「同じように苦しんでいる子どもたちや家族にとって、自分の経験が役に立つのであれば」ということで必死の思いで取材に応じたそうです。以下、その記事を紹介します。主婦Bさんが長女です。

【『北海道新聞』記事】

札幌市内の主婦Bさん（三二）も、小学三年から中学二年まで六年間受けたいじめを忘れられないでいる。

「子どもがいて、毎日忙しいのに、ふとした拍子に、まざまざと思い出してしまいます。あのころの誰とも、連絡を取っていません。今の私は他人と心から打ち解けられません」

普段は開放的に振る舞っているが「内心は臆病で、警戒心に満ちた人間」と自分を評した。

Bさんが体験したのは、初め「遊び」の延長のようなものだった。たとえば、いじめる側は靴を隠して、Bさんが見つけ出す時間の長さを競ったり、給食のバケツに残ったおかずを皿にドサッとあけて、「はい、どうぞ」と言ったりした。「触ったら、バイキン」と言われ、近寄ると「キャー」と叫ばれた。

中学に上がっても、「合唱のリーダーになれ」としつこく迫られ、困っているのを笑われたり、話したことのない男子との仲をはやし立てられたりした。

担任教師に「あの人の言っていることは誤解です」と必死で訴えると、「ここは三階だよ」と混ぜっ返されたことがある。

「私は理屈っぽかったから、扱いにくかったんでしょうか」。Bさんはそう話しながら泣いていた。

彼女がそんな世界を脱したのは、学校に行けなくなったからだ。どうしたら死ねるか考え、一方で親を苦しめたくないと思い、死ねない自分にも嫌気が差して、思い巡らすうちに、疲れ切ってしまった。

しばらくは、学校に行かせようとする親との葛藤があった。「逃げたら負けだ」という思いで苦しんだ。しかし、登校に一番こだわった父親が「行かなくていいよ」と言ってくれたことで、救われたという。

二十一歳で結婚した夫（三六）も小学五年から中学卒業まで、いじめられた人だ。「妻に同じにおいを感じたのかもしれません」という彼は、「いじめ体験が自分を作った」と語る。

「いっとき、死んだら楽だろうと思いました。でも一番損をするのはおれだ。死ぬ気になったら何でもできると考え直しました。それから、努めて肯定的に考え、『なんとかなるさ』と楽観を覚えました」

そんな二人が、今、いじめられる子どもたちに送るメッセージ。

「絶対に死んではいけない。死んで、誰が得をするのかって考えてください。まず、学校なり人間関係から逃げなさい。逃げた後で、ゆっくり考えてください。相談できる人に三十分話してください。落ち着いたら、甘いものをとって、リラックスしよう」


なお、滝川いじめ自殺事件は、当局の誠意のない態度に対し遺族が札幌地方裁判所に損害賠償請求訴訟を訴え、「いじめ自殺を予見できた」など遺族側の主張をほぼ受け入れる形で二〇一〇年二月に和解が成立、北海道はもちろん、全国の教育関係者に、いじめに対し大きな責任を負うことを明らかにしました。しかしまた、大津で同じような事件が繰り返されました。子どもたちの命をかけた訴えが、なぜこのように無残に踏みにじられるのでしょうか。

あれから七年、今またこのような形で紹介しなければならないことが悔しく、残念でたまりませんが、長女夫婦のメッセージをこれからも繰り返し繰り返し伝えて行かなければならないという思いを新たにしています。

5　学校での体罰をなくすために

(1)「明確な違法行為」という認識の徹底を

二〇一三年、大阪の桜宮高校バスケット部顧問による体罰で生徒が自殺に追い込まれるという悲劇が発生しました。女子柔道の世界でもひどい体罰事件が内部告発されて世界のスポーツ界にも恥をさらすことになり、体罰問題について社会の関心が一気に大きくなりました。

しかし、社会の隅々まで「体罰は絶対によくない」という意識になっているでしょうか。建前ではなく本音で「体罰は間違いで、子育てや教育において悪影響しか及ぼさない」と理解することが今こそ強く求められています。そして、いじめもそうですが、体罰も犯罪になるという事実をしっかり認識することが必要です。

学校での体罰は、学校教育法第一一条で「校長及び教員は、教育上必要があると認めるときは、文部科学大臣の定めるところにより、児童、生徒及び学生に懲戒を加えることができる。ただし、体罰を加えることはできない」と明確に禁止されています。体罰は違法行為であり、「体罰は是か非か」「必要か不要か」などという議論自体が成り立たないのです。

「どこまでが体罰で、どこまでが許される指導の範囲か人によって考え方が違う」という話も出ますが、これもはっきりしています。二〇〇七年二月五日の初等中等教育局長通知の「問題行動を起こす児童生徒に対する指導について」において、「体罰がどのような行為なのか、児童生徒への懲戒がどの程度認められるかについては、機械的に判定することが困難である。また、このことが、ややもすると教員等が自らの指導に自信を持てない状況を生み、実際の指導において過度の委縮を招いていると指摘もなされている。ただし、教員等は、児童生徒への指導に当たり、いかなる場合においても、身体に対する侵害（殴る、蹴る等）、肉体的苦痛を与える懲戒（正座・直立等特定の姿勢を長時間保持させる等）である体罰を行ってはならない」と明記しています。

しかもこの通知は「問題行動を起こす児童」への指導で行なってはならないというものですから、児童の問題行動に直面した先生がついカッとして体罰に及ぶことがないように戒めたものでしょう。そのような場面でない、児童生徒に対する通常の学習指導や生活指導の中で体罰を振るうのは言語道断です。

また通知では、「体罰による指導により正常な倫理観を養うことはできず、むしろ児童生徒に力による解決への志向を助長させ、いじめや暴力行為などの土壌を生む恐れがあるからである」と、極めて明確に、反論の余地なく体罰の弊害を指摘しています。

(2) 処分の現状から見えること

繰り返しますが「殴る、蹴る」はもちろん、「正座・直立等特定の姿勢を長時間保持させる」(時間は明示されていませんが)ことは、絶対にやってはならない行為です。こんな当たり前のことを、事件が起きるたびに確認しなければならいことがそもそもおかしな話なのですが、残念なことに体罰事件が後を絶ちません。なぜなのでしょうか?

二〇一三年六月、当地で「函館市内私立高校の柔道部顧問の男性教諭が、柔道の大会中に男子部員の頬を平手で一回たたき、生徒にけがはなかったが、学校は教諭を減給の懲戒処分、校長と教頭を戒告処分にした」という報道がありました(『北海道新聞』六月十一日付、『函館新聞』六月十三日付)。「平手打ち一回くらいで減給は厳しい」と感じるのか、「体罰には厳しく対処すべきなので当然」と感じるのかで大きな分かれ道になると思います。

これは是非、先生方はもちろんですが親御さん一人ひとりにも本音で考えてほしいのです。前者のように考える先生が残念ながらまだいるとすれば、体罰による教職員の処分はこれからも繰り返されるでしょう。

文部科学省初等中等教育局作成の資料「体罰について」によれば、二〇〇二年度から二〇一一年度までの十年間で体罰による処分を受けた公立学校教職員の総数は四一四〇人です。ところが、二〇一二年度「体罰の実態把握について・第2次報告」（文科省二〇一三年八月九日発表）によれば、一年間の処分件数は二七五二件、検討中が二六六三件で、合わせると過去十年より多いのです。

二〇一二年度は、文科省が深刻な体罰事件を受けて「児童生徒や保護者への調査など、正確実態把握のために各地域で手法を工夫して行った調査の結果、新たに把握された事案についても、この第2次報告で集計している」ので、それまでの調査より多くなったのでしょうから、体罰が昨年急に増えたのではなく、今まで見過ごされてきた、あるいは隠蔽されてきたものが顕在化したと考えるべきであり、今までの調査と処分が、いかに身内に甘かったかを示しています。

【註】二〇一二年度「体罰の実態把握について・第2次報告」によれば、公私立学校合計で体罰の発生学校数は四一五二校（発生率一〇・八三％、高校が最多で

二三・七％）、発生件数は六七二一件（本務教員数での発生率〇・六六％、中学校が最多で一・一一％）、被害を受けた児童生徒数は一万四二〇八人（発生率〇・一％、中学・高校が最多で〇・一六％）で、被害状況は何らかの傷害八九六件（一三・四％）、傷害なし五六〇五件（八三・四％）、その他二二〇件（三・三％）です。

また、同報告での被害児童数は発生件数の二倍ですから、一件の事例で複数の子どもが被害を受けています。これを当てはめますと、二〇〇二度から二〇一一年度の処分事案だけでも合計八千人以上の子どもが被害を受けていることになりますが、二〇一二年度の実態調査から考えて、この被害者数は氷山の一角に過ぎないでしょう。

(3)「ヒヤリ・ハット」で職場の検証を

職場危機管理に必須の「ハインリッヒの法則」が学校現場にも当てはまるとすれば、これはとても深刻な事態を示しています。これは、アメリカの損害保険会社で調査を担当していたH・W・ハインリッヒが五千件の労働災害を分析して発見した法則で、重傷以上の重大な事故・災害が一件あったら、その背後には、二九件の軽傷を伴う事故・災害が起こり、三〇〇件もの「ヒヤリ・ハット」した傷害のない事故・災害が起きていたというものです。

ですから、この「ヒヤリ・ハット」した事例をきちんと把握し、職場全体で共有して防止策を講じることが職場の事故・災害を防ぐことになります。福祉職場でもこの「ヒヤリ・ハット」に関するホウレンソウ（報告・連絡・相談）の徹底に取り組んでいるはずです。それが不徹底な職場では利用者の安全や利益を守ることができませんし、もちろん学校現場でも取り組んでいると思います。

処分者が出るような体罰事件は、学校における「重大な事故」でしょうから、この法則を当てはめますと、処分にまで至らない体罰や体罰スレスレの行為がその数十倍あり、「思わず手を出しそうになった」という「ヒヤリ・ハット」事例は、そのまた三〇〇倍ということになります。ですから、明らかになっている被害児童生徒数の何百倍もの子どもたちが、体罰被害の危険にさらされているのではないでしょうか。

「学校は、先生方の意識も自覚も高く、普段から指導も徹底しているので、そんなことはない」という意見もあるでしょうし、是非そうあってほしいと願っていますが、今いちど自分たちの足元を見直してみる必要はあると思います。

（4）まだまだ根強い体罰容認の風土

桜宮高校の事件でも、体罰を振るって部員を自殺に追い込んだ顧問の教諭は「自分自身で選手も保護者も理解していると思っていたので、その時は体罰という認識はなかった」（二〇一三年三月五日『北海道新聞』）と述べていますが、体罰事件の度に加害者はいつもこの類の弁明をします。

また、「高野連加盟の野球部指導者　一割『体罰必要』」との報道もありました。日本高校野球連盟が加盟校野球部を対象とした実態調査で、「体罰についてどう考えますか」との質問に対し、加盟校四〇三二校の九・七％に当たる三九二校の指導者が「指導するうえで必要」と回答、「絶対すべきでない」は三六〇五校、八九・四％だったとのことです。この九・七％を、多いと見るか少ないと見るか意見は様々でしょうが、現実に指導者による部内暴力の件数は、二〇〇九年度が二一件、二〇一〇年度が三四件、二〇一一年度が三九件と増えているとのことですから見過ごすことのできない数字であり、問題の根深さを示しています。（二〇一三年六月十九日付『北海道新聞』）

仮に一校当たり二〇～三〇人の部員がいるとすれば、指導者が「体罰が必要」と考える危険な状況下に一万人前後の高校球児がおかれていることになり、さらにその子たちが「体罰容認」の指導方針を受け入れ、身に付けてしまうと、悪循環が拡大されて行きます。

だからこそ、「生徒指導の際に体罰も必要なことがある」という意識が学校現場のどこかにまだ残っていないか、徹底した検証が求められています。

6　家庭での体罰をなくすために

〔1〕民法改正の意義と限界

学校の体罰問題を、先生方だけの責任にすることも間違いでしょう。保護者の意識も厳しく問われます。兵庫県高砂市立中学校野球部の父母会役員が、文科省の体罰調査アンケートに対し、部では体罰はなかったと回答するよう保護者に口止めを働きかけ、父母会会長は「お世話になった監督に迷惑をかけるといけないので、数人の役員と話をして決めた」と校長に説明したとのことです。（二〇一三年三月二十三日付『北海道新聞』）

このように保護者が学校の体罰をかばったり、「うちの子が先生の言うことを聞かなかったら叩いてください」と言う親がまだ多いという話を、先生方からうかがうこともあります。

これは、家庭の子育てのあり方が大きく問われる問題であり、日本ではまだ「しつけには体罰が必要」と誤解している親御さんが多いという現実があります。法的には、学校教育法のように家庭での体罰を明示的に禁止する法律が残念ながらまだありませんが、二〇一一年の民法改正で親の「懲戒権」に多少縛りがかかりました。

まず第八二〇条（監護及び教育の権利義務）が、「親権を行う者は、『子の利益のために』子の監護及び教育をする権利を有し、義務を負う」と、『子の利益のため』が加わりました。つまり、親権は子どもを親に従わせるためのものではなく、「子どものための親の責任」であることが明示されました。

そして第八二二条（懲戒）に、「親権を行う者は、『第八二〇条の規定による監護及び教育に』必要な範囲内でその子を懲戒することができる」と『 』の規定が加わりました。懲戒権の規定が体罰の温床になり、それが児童虐待の背景にあることを多くの教育・児童福祉関係者が指摘してきましたので、懲戒権の規定が残ったことは残念ですが、八二〇条の規定、つまり「子の利益のため」という縛りがかかったことは、少しですが前進と言えるでしょう。

(2) 体罰は児童虐待の温床

私は二〇〇二年、二〇〇三年度の二年間、北海道函館児童相談所で虐待相談窓口を所管する課長を務め、一六〇件ほどの虐待通告に対応しました。その体験から、体罰が児童虐待の温床になってることを実感しています。通告件数は、今やその二倍に達しています。

私が対応したケースで、自分たちのやったことをすぐに虐待と認めるも親御さんはほとんどいませんでした。必ず「しつけのつもりだった」と弁明します。そして、「しつけには体罰が必要だ」という意見でした。

私はこのように「子どもは叩いてしつけることも必要」と体罰を容認する考え方が日本社会にはまだまだ根強いことが、児童虐待を生む大きな背景にもなっていると考えています。

虐待報道があると、「虐待なんかする親は、何か特別に変わった、おかしな人間」と考えられてしまいますが、それは大きな間違いです。もちろん中には本当に大変な親御さんもいて、子どもを守るために親子分離をせざるを得ない場合もありましたが、大多数の親御さんはごく普通の方々です。

しかし、「子どもは叩いて教えなければならない」と体罰に頼りがちな子育てをしていると、いろんな事情で親御さんがストレスを抱え精神的に不安定になっているときなど、何かのはずみで一気に虐待にエスカレートするのは、珍しいことではないのです。

〔3〕問われる私たちの「子ども観・教育観」

そもそも、しつけに体罰は全く必要ありません。しつけは、子どもがその年齢に応じて社会生活を円滑に過ごすために必要なルールや行動の仕方を教えることですから、力ずくで強制するようなものではありません。

それが体罰という名の暴力に及ぶのは、子どもを必要以上に親に従わせようとしてうまく行かず、頭にきて叩いてしまい、その行為を正当化するために「これはしつけだ」と言い訳しているのです。ですから、「しつけに体罰が必要」という考え方は間違いであり、体罰によらない子育てを社会の隅々に浸透させて行く必要があります。

しかし、民法改正で「子の利益のため」という縛りがかかっても、家庭での体罰を明示的に禁止する法律の条文がありませんので、「子の利益のために体罰が必要だ」と主張する人々もいます。そのひとつに、何ともスゴイ名前ですが、「体罰の会」というのがあります。会の趣意書を読みますと、「子どもは未熟で自主性を期待できないので、体罰を含めて力で教え込まなければならない」という考え方が核心になっています。

これは他人事ではなく、私たち一人ひとりがこういった子ども観、教育観を心の片隅にでも持っていないか、自問する必要があると思うのです。このような意識を本音から否定し、子どもの尊厳と人格を尊重した子育てや教育を進めるという意識を持たないと、このような考え方に足をすくわれることになりかねません。

体罰は子どもの人権を侵害し、子どもの生命を危険に晒し、子どもの成長・発達に悪影響を与えます。そして、「暴力による支配」を子どもに教え、子ども同士の人間関係にもゆがみを生じさせ、いじめの温床になります。

さらに、体罰を繰り返し受けると、その子どもは「自分は叩かれても仕方のない価値のない人間だ」と思い込み、自己肯定感が育ちません。そして、自分の意思を押し通すためには暴力も必要ということを学習し、自分の子育てでも体罰に頼るという悪循環を生み出す恐れがあります。

そうは言っても「やむにやまれず、思わず叩いてしまった」という経験をお持ちの親御さんは、私も含めてたくさんいると思います。そのとき、「あっ、間違ってしまった」と気が付いて「今度は気を付けよう」と自戒し、子どもにしっかり謝ることができれば、親子関係は修復できるはずです。完璧な親はいません。間違いも犯します。それに早く気が付き、それを正すことで親もまた成長すると思います。

そのためにも、「体罰は百害あって一利なし」という意識を、もっとしっかり社会全体で共有して行くことが急務なのです。

7　恒常的な「いじめ・体罰」対策機関の設置を

深刻ないじめや体罰事件が発生する度に、「調査検討委員会」のようなものが作られ原因究明と再発防止の提言がなされます。それはそれで大事なことですが、子どもが命と引き換えにしなければ、このような取り組みがされないことは、根本的に間違っています。これは私たち大人の怠慢です。

私は、全ての自治体と、学校を含めた子どもに関わる全ての団体で、第三者もメンバーとして参加する常設の対策機関を設置することが必要だと考えます。なぜなら、学校で発生したいじめや体罰については、学校も「当事者」の一人であり、その解決を一方の当事者に委ねること自体に無理があるからです。これは、いじめの原因や責任が学校にあるという意味ではなく、学校は「中立の第三者」にはなり得ないという意味です。体罰についても学校と被害者の言い分が違うことがよくありますので、事実究明や対応策を学校だけに委ねることはできません。

このような仕組みは何も難しいことではなく、社会福祉施設では「苦情処理制度」としてすでに広く実施しています。社会福祉に関する基本法である社会福祉法第六五条「施設の最低基準」第一項で、厚生労働大臣は「利用者等からの苦情への対応その他の社会福祉施設の運営について、必要とされる最低の基準を定めなければならない」と規定し、第二項で「社会福祉施設の設置者は、前項の基準を遵守しなければならない」と社会福祉事業者の責任を明記しています。

そして同法第八二条で、「社会福祉事業者の経営者は、常に、その提供するサービスについて、利用者等からの苦情の適切な解決に努めなければならない」と規定し、福祉施設では「苦情処理委員会」などの形でその仕組み作っています。

この仕組みでは、その施設の職員が、それぞれ「苦情受付担当者」「苦情解決責任者」となり、さらに外部の有識者を「第三者委員」に委嘱して、施設利用者に対しそれぞれの連絡先を明示しています。利用者は施設の運営や対応について疑問や批判、改善要望等の意見があるときに、苦情受付担当者だけではなく第三者委員に直接申し立てることもできます。

「苦情」という表現はマイナスイメージを伴い、できれば触れたくない課題かもしれませんが、そうではなく、施設の福祉サービスを改善し、質を向上させる絶好の機会としてプラス指向で受け止めることが重要です。

民間企業では「クレーム処理」をしっかりやれるかどうかが企業存続の試金石であり、それを商品・サービスの質の向上と企業風土の改善につなげることが企業成長の原動力にもなります。

ですから、学校にも是非このような仕組みを常設機関として設けてほしいのですが、「そんなことをしたらモンスターペアレント（モンペア）を煽ることになりかねない」という心配の声が聞こえてきそうです。

そもそもこの「モンペア」という言葉自体が非常に問題で、学校の抱える課題を包み隠してしまう恐れがあると感じています。実際に「モンスター」のような保護者がいるという具体例を耳にすることもありますが、一方の当事者が相手を「モンスター」と決め付けてしまうのはフェアではありません。だからこそ第三者の目と判断が必要になります。

むしろ、このような苦情処理のルールが明確にされ、最終的には第三者が入って解決に当たるということが保護者にもしっかり理解されれば、「モンペア」がぶつけてくるような理不尽な苦情や要求はむしろ減るのではないでしょうか。そして、学校と保護者が直接ぶつかり合って関係がこじれ、お互いに疲弊する事態は少なくなると思います。

また、「子どもの権利条例」を制定し、子どもの権利侵害を救済する制度を設ける自治体も少しずつですが増えています。例えば、「札幌市子どもの最善の利益を実現するための権利条例」は、「子どもの権利の侵害からの救済」（「第五章・第三二条～第四四条」）を規定し、独立性のある救済委員を設置しました。札幌市では、この事業を具体的に実施するために「札幌市子どもの権利救済機関子どもアシストセンター」を開設して専任スタッフを配置し、専用のフリーダイヤルも設置しています。（二〇一二年度の実相談件数は一一九七件、のべ件数は三九二五件にのぼります。（二〇一二年度同センター活動状況報告書）

残念ながら、私たちの社会は聖人君子の集まりではありませんし、様々なストレスが溢れる社会生活の中で、いじめや体罰を完全になくすことはできないでしょう。だからこそ、「いじめや体罰は必ず発生するものだ」という危機意識を社会全体で共有する必要があります。

また、子どもをめぐる様々な相談ルートや支援機関ができていますが、どんな相談をどんな機関にしたらよいのか分からないという子どもや保護者が多いのが現状です。ですから、一定の公的な権限と責任能力を持つ、包括的な相談・救済の仕組みを作ることは、いじめや体罰の被害を食い止め、救済し、再発防止を進めるために、是非とも必要であると思います。

第5章

社会福祉相談援助の理論と実践を活かす

1　ソーシャルワークの基本的な考え方

社会福祉相談援助活動と言えば、生活に困っている人を対象にした活動と思われがちです。もちろん、経済的に困窮したり、障害や病気のために日常生活に支障があったり、育児や家庭生活、老後の生活などの様々な悩みや辛さを抱え、社会的に不利な立場におかれている方々に対する支援はとても大切ですが、そこだけに限定されるものではありません。日本社会福祉士会や日本精神保健福祉士協会が採択した倫理綱領では、ソーシャルワークを次のように定義しています。

『ソーシャルワーク専門職は、人間の福利（ウェルビーイング）の増進を目指して、社会の変革を進め、人間関係における問題解決を図り、人びとのエンパワーメントと解放を促していく。ソーシャルワークは人間の行動と社会システムに関する理論を利用して、人びとがその環境と相互に影響し合う接点に介入する。人権と社会正義の原理は、ソーシャルワークの拠り所とする基盤である』

このように、人間がよりよく生きるために必要な支援を行なうこと、よりよい社会に変えて行くことなど、ソーシャルワークの役割はとても広範囲にわたります。また、今起きている問題を、単に個人の病理、個人の抱える問題ととらえるのではなく、その人とその人を取り巻く環境との相互作用の中で起きているものとしてとらえ、環境の改善も含めて総合的な解決を図ろうとします。そして、何よりも人権と社会正義を大切にします。

私はソーシャルワーカーとしての活動を通して、この理論が不登校やひきこもりの相談支援や、いじめ・体罰などの人権侵害を受けている人々の救済や支援の活動はもちろん、より広く、子育てや教育現場でも生かすことができると実感しています。そこで、これまでの章で述べてきたことについて、社会福祉相談援助の理論をもとに説明して行きたいと思います。

2　バイステックのケースワーク七原則

ソーシャルワークには様々な技法がありますが、その基本となるのは、個人や家族の相談に個別に関わる活動で、『ケースワーク』と呼ばれています。アメリカの社会福祉臨床家であるF・P・バイステックが一九五七年に著した「ケースワークの原則」で七つの原則を述べており、相談援助活動に携わる者がふまえるべき基本とされています。（誠信書房『ケースワークの原則　援助関係を形成する技法　新訳改訂

版』尾崎新ほか訳、一九九六年、カッコ内は旧訳による表現）

原則1　クライエントを個人として捉える（個別化）
原則2　クライエントの感情表現を大切にする（意図的な感情表現）
原則3　援助者は自分の感情を自覚して吟味する（統制された情緒関与）
原則4　受けとめる（受容）
原則5　クライエントを一方的に非難しない（非審判的態度）
原則6　クライエントの自己決定を促して尊重する（自己決定の尊重）
原則7　秘密を保持して信頼感を醸成する（秘密保持）

本書は福祉理論の解説が目的ではありませんから詳しい説明は省きますが、私は長女に対してことごとくこの原則に反したことをやって長女をひどく追いつめ、傷付けてしまいました。しかし、長女に対する関わり方を変えて以降と次女のときは、おおむねこの原則にかなった関わり方をしていたように思います。

長女が元気を取り戻して行ったのも、次女がおおむね元気に暮らすことができたのも、本人の努力が一番大きかったのはもちろんですが、親がこの原則にかなった対応をしたこともよい影響を与えたと考えています。

もろん当時はこの原則も知りませんでしたので、社会福祉士資格取得を目指して通信教育を受講していたときにバイステックに出会い、「ああ、そういうことだったのだ」と気が付いた次第です。

言わば「後知恵」ですが、この原則にかなった対応ができると親子関係が回復して行き、それができない間は、なかなかうまく行かないのが現実です。これはわが家だけの話ではなく、当地の「アカシヤ会」「あさがお」「昴の会」を始め、全国各地の当事者や関係者のみなさんとの話し合いでも共通して言えることです。そこで、この原則はとても道理にかなっていることを、事例に即して具体的に説明します。

原則4　受けとめる（受容）

この中で、おそらく一番よく知られているのは、原則4の「受容」だと思います。しかしこれが、実際にはとても難しいのです。不登校の子どもは、必ずと言ってよいほど、最初に腹痛や頭痛などの身体症状を訴えます。これは自分の気持ちを言葉でうまく説明できない代わりに、身体で「これ以上無理して学校に行ったら自分がダメになる」と、危険信号を出している状態なのです。

ですからまずその事実を、「あなたは学校に行きたくない、行けないという辛い状態なんだね」と、そのまま「丸ごと受けとめる」ことから出発しなければなりません。

ところが、親はこれがなかなかできません。私も長女のときは全く受容できず、長女を問いつめ、必死に学校に連れて行こうとしました。その結果、長女は大変な状態に追い込まれたのです。

次女が「自分が不登校になったのは、いつも周りから『明るく元気で良いね』と言われていて、その期待に応えようとがんばり過ぎて疲れたからではないだろうか」と話してくれたのは、彼女が成人を過ぎてからのことでした。当時は、本人もその理由がよく分からなかったのです。学校に行くのが辛くなったのは確かなので、身体症状が出ましたが、『学校に行けない自分』を否定されず、親に丸ごと受けとめてもらえたことで気持ちが楽になり、身体症状が消えたわけです。

原則5　クライエントを一方的に非難しない（非審判的態度）

このような受容的な関わりをするために、周りの大人たちは「審判＝ジャッジ」しないという態度で対応することが大切です。そのためには、自分の価値観をいったん横において、ニュートラルな気持ちで子どもと向き合う必要がありますが、これもまたなかなか難しいのです。

例えば、長女が不登校になったとき、私自身が「子どもは必ず高校に行かなければならない」という考え方に縛られていましたので、その道から外れてしまうことを全く認められず、「そんなことではダメだ」と、まさに「一方的に非難」していたわけです。次女のときは全く逆に、学校に行かないことを一言も批判しませんでしたし、無理に行かせようともしませんでした。

これは、私が「学校は全く無意味だ」とか「進学は必要ない」と考えたからではありません。私自身は「学校大好き人間」でしたし、大学進学率がやっと二割に達するころ、激しい受験戦争をくぐり抜けて大学に進学しました。このときの厳しい受験勉強の経験は、自分にとっては今でも大きな財産になっています。

しかし、それは自分の価値観であり、それを子どもに押し付けても、何の意味もありません。まして子どもが学校に行けず辛い思いをしているときには、子どもを苦しめるだけです。

原則1　クライエントを個人として捉える（個別化）

「受容」にしても、「非審判的態度」にしても、このように説明しますと「な～んだ、そんな当たり前のことか」と思われるかもしれません。では、なぜそれが難しいのでしょうか。それはきっと、私もそうであったように、自分の子は「できるだけみんなと同じようにしてほしい」という親心のせいだと思うのです。

不登校になると、親も子どもも「勉強が遅れる」ことがとても心配になり、さらに

「高校進学できなかったらどうしよう」という不安にかられます。先生方も進路指導の責任もありますので、何とか高校に入れたいと考えがちです。

高校進学率は九八％ですから「高校に行くのが当たり前で、それ以外の二％に入ったら人生はおしまい」と考えてしまうのも無理はありませんが、決してそんなことはありません。確かに、現在の「六・三・三・四」の教育コースに乗ったほうが安心ですし、不登校はそのコースから外れるというリスクがありますが、このコースの後に、本当に明るい未来が待っていると断言できるでしょうか？

そもそも、不登校をこのコースから「外れる」と考えるか「いろんな道がある」と考えるかで、将来の見通しは全く違ってきます。第2章でも述べましたが、以前に比べたらずっとたくさんの進学ルートがありますし、中卒資格のままで大学院に進学し修士号を取得した知人もいます。もちろん、進学しないで様々な社会体験をしながら自分の道を探してもいいのです。

本当に「いろんな道がある」ということを、私たちはしっかり理解する必要がありります。そして、このような恐怖やプレッシャーから解放されて、「十五の春に必ずどこかの高校に行くという必要はないんだ」と考えるようになると、お子さんもご家族も元気になって、親子関係が回復するという話がとても多いのです。

そうは言っても、現在の教育システムでは、不登校や高校中退のリスクは大きいのが現実です。しかし、「将来の安心」のために「今、子どもが必要としている安心」を犠牲にしてしまっては本末転倒です。

「何がなんでも高校に行かなければ、この高校を卒業しなければ」と考えて子どもを追いつめ、自殺などの取り返しの付かないことになったり、精神疾患を発症させてしまうリスクに比べれば、不登校や中退のリスクのほうがまだ小さいのではないでしょうか。

そして、「みんながそうだから」ではなく、「子どもにとって今何が必要なのか」を真剣に考えることが大切だと思います。つまり、「人間は一人ひとり違うのでその違いを尊重しよう。こちらの常識や価値観で相手を見たり、判断するのはやめよう」ということです。親には親の願いがあり、そのことをお子さんに伝えることは結構ですが、往々にしてそれが「押し付け」になっていないか、よくよく振り返ってみる必要があります。

これがまさに、原則1の「クライアントを個人として捉える」という「個別化」です。バイステックは、「このような考え方は人は一人の個人として認められるべきであり（中略）独自性を持つ『特定の一人の人間』として対応されるべきであるという人間の権利にもとづいた援助原則である」と述べています。（「ケースワークの原則」P36）

子どもには子どもなりの一人ひとり違った、いろいろな道や可能性があり、子どもと親は別人格です。私は四十年間の子育てから、子育てとは「子どもは親の思い通りにならない」ということを思い知らされて行くものであり、それが子どもの成長や自立へのプロセスなのだということを学んだ次第です。

原則6　クライアントの自己決定を促して尊重する（自己決定の尊重）

大きな悩みや辛さを抱えて相談に訪れる人は、打ちひしがれた状態になっていることが多く、自分で何かを決定できるようにはとても見えないこともあります。しかし、そうではなく、本人を取り巻く環境や、周りの関わり方などにも問題があり、その人が本来持っている力を発揮できない状態になっているだけなのです。

先に紹介した倫理綱領の「エンパワーメントと解放を促していく」ということは、そのようなマイナス条件を改善し、力を発揮できるように支援して行くということです。自己決定の尊重はこのような考え方に基づく原則ですから、緊急なとき以外は、「指導する」とか「やってあげる」という関わり方はしません。

具体例として長女の体験を紹介します。長女は通信制高校に入学したものの、初めのうちはスクーリングも休みがちでレポートも遅れ、テストを受けることもできないという状態でした。いつ退学しても不思議ではなく、私は「そのときはそのときでまた一緒に考えればよい」と腹をくくっていました。

それでも五年かかって高校を卒業した長女に、どうして卒業までがんばることができたのか聞いてみましたら、こんなエピソードを話してくれました。高校生活もだいぶ落ち着いてきたころ、アルバイトをしたいと言い出した長女と一緒に、職業安定所に行きました。窓口の担当者に事情を説明して求職手続きの仕方を教えてもらい、「この子がきたときはよろしく」とお願いして帰宅しました。

その後、長女は一人で何度も職安に通いましたが、ほとんどの採用条件が「高校卒業以上」「運転免許有」となっていたので仕事は見付からず、結局ハンバーガーショップに掲示されていたアルバイト募集を見て、その店に勤めました。この経験から長女は「高校は卒業しておこう」と考え、十八歳になると自動車学校にも通い出しました。これは、親がいくら「高校くらい出なければ」と説教してもだめだったでしょう。本人が自分で見て、考えて、納得したからやりとげることができたのだと思います。

長女と一緒に職安に行って求職手続きの仕方を教えるところまでは、自己決定を促すために妥当で必要な援助ですが、その後どうするかは本人が決めることです。しかし、特に親は、「この仕事がよい」とか「それは無理」とか先回りして口出しがちです。それをじっと我慢し、相談されたら一緒に考えて必要な情報を提供し、意見を求められたら考えを伝えるという関わりにとどめることが肝心なのです。

次女が「自分から学校に見切りを付ける形で、二か月で行かなくなりました」と第4章で紹介しましたが、「学校に行けない」という気持ちで不登校するのと、「学校に行かない」と自分で決めて不登校するのとでは、子どもの状態は全然違います。

これは当然のことで、「行けない」という場合は「行けないダメな自分」を責めることになり、元気は湧いてきません。まして親や周りから責められるとますます落ち込み、病気のような状態にもなります。しかし、「行かない」というのは、自分の意思が入っていますので、周りがそのことを否定せず本人の気持ちを尊重すると元気になり、学校に行かなくてもいろいろなことをやってみようという気持ちになります。

また、次女が通信制高校を選んだのも、「ダンス中心の生活をしたい」という本人の希望からでした。公務員試験に挑んだのも、合否の可能性はともかく、経済的に自立したいという本人の目標があったからでした。私が公務員だったのでそれを勧めたということは一度もありません。

そうは言っても、不登校やひきこもりに限らず、子どもがダラダラ生活しているように見えたり、夢ばかり追いかけてさっぱり地に足が付いていないように見えると、親は「自分がなんとかしなければ」と考えてしまいがちです。

ですが、何らかの「自己決定」というプロセスを経ない選択や行動は長続きしません。また、親がやらせたことがうまく行かないと、子どもは「こうなったのは親のせいだ」という気持ちになり、親子関係がさらに悪化して行きます。「馬を水辺に連れて行くことはできるが、水を飲ませることはできない」という故事・諺通りです。周りの大人は、その子が自己決定できるようにしっかりサポートするのがその役目だと思います。

もちろん、自己決定して進んだ道がうまく行かない場合も多いでしょう。しかし、失敗こそ財産です。「だから言ったでしょう」と決して口にしないでください。貴重な経験をしたことをねぎらい、それを次のステップにできるよう支えて行くことが、支援者はもちろん、親にとっても大きな役割だと思います。

原則2　クライエントの感情表現を大切にする（意図的な感情表現）

原則3　援助者は自分の感情を自覚して吟味する（統制された情緒関与）

ケースワークでは、相談者が自分の悩みや気持ちを思い切り吐き出すことができるように最大限の配慮をすることが大切です。相談者は語ることで心が軽くなり、気持ちをあれこれ整理して解決の手がかりを考えることができるようになりますし、語ること自体に治療的効果があるのです。ですから、原則2がとても大切です。

このように相談者の感情表現をしっかり保障するためには、原則3が示すように、援助者は今自分がどのような気持ちで相手に対面し、どのような口調や雰囲気で話しかけているのかを常に検証する必要があります。相手が話しにくくなったり、気持ちを吐き出せないような対応をしていないか、まさに「自分の感情を自覚して吟味する」ことが求められます。

口に出さなくてもこちらの感情は態度で相手に伝わりますので、原則2を実現するためには原則3の関わりが不可欠です。ところが、これもなかなか難しく、特に親は子どもに対し原則3に反した対応をしがちです。

実例として私の失敗談を紹介します。不登校真っ最中の長女は、昼間もテレビを観るかゲームをするばかりで、私はそんな生活ぶりに不満でした。彼女が見る番組と言えば、さわがしいバラエティーなど、私から見ると全くつまらない、腹立たしくなるような内容のものばかりだからです。

長女にゲームやテレビを直接禁じたことはありませんが、私がそんな番組を嫌っていることは長女も十分感付いていたようです。私が帰宅して居間のドアを開けると、長女はいつもすぐにテレビのスイッチを消していました。条件反射のように、ドアを開けると同時に消すのです。私は当時、その意味を考えたこともありませんでしたが、バイステックの原則を知り、長女は私の感情を敏感に察知し、「学校にも行かないで、親の嫌がるテレビを見ていては親にすまない」という気持ちから、テレビを消したのだということを理解しました。

また、長女が、先生方の研修会で自分の体験を語る機会がありました。私も親の立場でお話するということで同席していたのですが、長女の「お父さんのドアを閉める『バタン！』という音が辛くて、今でも耳に残っている」という話を聞いて仰天し、またまた反省させられた次第です。

当時、全く意識していませんでしたが、おそらく不登校している長女に対し不満を持っていた私は、その不満をぶっつけるようについついドアを強く閉め、大きな音を響かせていたのでしょう。長女はそのバタンという音を、「父親が自分を拒否するメッセージ」と受け取り、とても辛くなったのだと思います。

このように、私が無意識にしていた態度や振る舞いが長女を自主規制に追い込んだ結果、長女は自分の辛い気持ちを吐き出すどころか、ますます悶々とした不登校の日々を過ごすことになってしまったのです。

原則7　秘密を保持して信頼感を醸成する（秘密保持）

これも、言われてみれば極めて当たり前のことです。自分の話したことが、知らないうちにあちこちに漏れているようでは、相談者は安心して話をすることができません。特に先生方にお願いしたいのですが、「ここだけの話」ということで子どもから聞いたことをほかの先生に伝える場合は、本人の同意を得てほしいのです。

もちろん、いじめや虐待など重大な問題は、関係者で急ぎ対策を講じなければなりませんので、「ほかに言わないで」と言われても、「それでは今の辛い状態が解決しない」と説得し、情報共有をする必要があります。それでも本人が嫌だと言った場合は、子どもの気持ちを尊重すると伝えてください。

そして、その情報をほかの先生と共有する場合でも、本人と話し合うのは直接話を聞いた先生にとどめなければなりません。養護教諭が子どもから悩みを打ち明けられた際、重要な問題なので担任教諭に伝えたところ、担任がその子に対し「保健室の先生から聞いたけど」と話を持ち出してしまったために、子どもが不信感を持ち口をつぐんでしまうというケースがよくあります。これではかえって問題解決が遠のくどころか、学校に行くのが嫌になることとさえあります。

これは親も同じです。いじめや体罰など深刻な問題を学校に伝えたいと思っても、本人がそれを嫌がることがよくあります。その際、学校に対し「学校に話をすることは子どもに話していないので、この問題について直接本人には連絡しないでほしい」としっかり伝え、その約束を守ってもらうことが大切です。

その上で、時間をかけて慎重に、これからのことをお子さんと話し合ってください。学校もその約束を守るのは当然ですから、本人の気持ちや望みは親御さんを通して把握し、必要な対処をしてほしいと思います。

3　自助（当事者）グループの役割の大切さ

ソーシャルワークでは、同じ悩みを抱える当事者同士が話し合い、問題解決を目指すグループワークも大きな役割を発揮します。「家族会」や「当事者会」などがそれで、私も次女の不登校のときに「アカシヤ会」に参加してとても助けられました。

この会は、「今うちはこんな状態なんだけど、お宅はどうだった？」とか「こんなことで困っているけど、どうしたらいいだろう」など自分たちの現状を語り合うオシャベリの場なので、専門家からアドバイスしてもらうわけではありません。

しかし、会に参加して、ほかにも同じような悩みを持つ人がいることを知ると、「自分だけではない」ということで少し安心できます。そして「同じような境遇の人ならば、自分の話も分かってもらえるのではないか」と感じ、安心して話ができます。するとても心が軽くなり、だんだんと自分の気持ちが整理され、いろんな人の体験談を通して自分自身を振り返ることもできるようになります。

また、子どもが動き出した体験談や、子どもとどう接したかという具体的な経験を聞くことで、煮詰まった気持が解きほぐされ、子どもとゆとりを持って関われるようになって行きます。

このように心の内にある不安や悩みを言葉にして表現することで、その苦痛が軽減され安堵感を得ることを「カタルシス効果」（心の浄化作用）と言います。また、親の会のように当事者同士が語り合うことで問題解決の手がかりを得ていく方法は、「ピア・カウンセリング」と呼ばれます。「ピア」は「仲間」という意味で、最近は保健・医療・福祉分野はもちろん、教育現場でも重視されています。

福祉の分野では、ずっと以前から、認知症や各種障害に関わる家族会や当事者の会が、行政や関係団体とも連携しながら活動を続け、福祉施策の充実を進める上で大きな役割を果たしてきました。保健医療分野でも、各種の難病やがん患者の会、精神障害者家族会など病気の分野ごとに当事者活動が発展し、医療機関や行政なども積極的に連携しています。このような活動と結び付くことは、ソーシャルワーカーや関係行政機関が仕事を進める上で不可欠になっています。

一方、学校や教育行政はどうでしょうか。全国各地でたくさんの不登校の親の会やフリースクール、フリースペースが活動していますが、学校や教育行政がこのような活動をしっかり支援したり、積極的に連携しようという動きは残念ながら少ないように思います。最近、私どもの会にも学校の先生から紹介されて参加される方が少しずつ増えてきましたが、その多くは学校との関係に疲れ切って、必死に情報を探した末にたどり着いたという状態です。福祉や保健医療分野の当事者会と不登校の親の会、この違いはどこから生まれるのでしょうか？　次の章で考えることにします。

第6章

カナリアたちの警鐘

1　不登校支援のこれからを考える

〔1〕不登校の現状

不登校の小中高校生は二〇一二年度で約一七万一千人にのぼり、特に中学生では三七人に一人ですから、単純平均で一クラスに一人いることになります。【註】

しかし、この数字は不登校の実態を表わすとは、とても思えません。なぜならこのデータは、「年間三十日以上、病気などの明確な理由がなく休む」という基準に当てはめた人数だからです。例えば、保健室や相談室などに登校して三十日以上欠席にならない子どもなど、実質的に不登校状態の子どもや、さらには行き渋りながらも無理に登校している、言わば潜在的な不登校まで含めますと、おそらくその何倍もの人数になるでしょう。

また最近は、何日か休むと、すぐに学校から精神科を受診するように勧められるケースが増えています。もちろん、病気ならばきちんとした治療が必要ですし、理解のあるお医者さんとめぐり会えれば、ひとまずゆっくり休むようにアドバイスされて、安心して休むことができる場合もあるでしょう。

一方、受診して何らかの病名が付くと、それは不登校ではなく病欠にカウントされます。不登校の人数を少なくするために受診を勧めているわけではないでしょうが、子どもの不登校を否定しないでゆっくり休息させると元気を回復するケースまで病気にされてしまう心配もありますので、マニュアル的な対応にならないよう学校には十分な配慮を期待したいものです。

ともかく、何十万人という日本の児童生徒が、学校に背を向け、しかもそれが長期間続き、一向に減る気配を見せていないという現実を、私たちはまずしっかり受け止めることが必要です。

【註】文部科学省の「平成二十四年度児童生徒の問題行動等生徒指導上の諸問題に関する調査」によれば、全国の不登校の人数は小学生が二万一二四三人、在籍児童数に占める割合は〇・三一％、中学生は九万一四六六人で二・五六％、小中学生合計で十一万二六八九人、一・〇九％です。高校生では五万七七六四人、一・七二％で、不登校生徒のうち中途退学に至った者は一万八三三〇人です。また高校中退者数は五万一七八〇人で、中退率は一・五％となっています。

(2)「子どもたちが逃げ出している」という視点を

現在の教育制度のもとで不登校が「問題行動」とされるのは、学校に通うことが『普通』のことで、それができない子どもに問題があると考えられているからです。確かに、個々のケースでは、子どもの生活状態や発達面で課題を抱えていたり、家庭環境や親子関係に様々な問題がある場合もあるでしょう。しかし、前述のように一七万人もの不登校が一向に減る気配を見せないのは、もっと広く社会的な要因もあると考えるのが自然だと思います。

ですから、今、この一七万人をどう見るのかが問われています。全国の小中高校生は約一三八〇万人ですから、学校にくることができないのは一・二%の「困った、可哀想な、問題のある」子どもだと考えれば、「学校復帰」を目的とした対応が繰り返されるだけでしょう。しかし、「一七万人もの大事なお客さんが学校から離れて行っている」と考えると、ガラリと見方は変わってきます。

「お客さん」と言うと、「教育を一般のサービス業と同じレベルで考えるのはけしからん」というお叱りを受けるかもしれません。確かに、教育は教師が子どもに対し一方的に教育サービスを提供するという関係ではなく、ともに学ぶ場を作り、子どもの成長発達を支え、保障して行く営みですから、単なるサービス業ではありません。

しかし、社会的なサービスを提供していることは間違いないわけで、それが適切なものかどうかは、やはり検証が必要です。一般のサービスや商品であれば、消費者が気に入らなければ売れなくなります。しかし教育、取り分け義務教育にはこのような現象は起きません。

ですから、現在、不登校という現象が減ることなく長期間続いているのは、現在の教育サービスの内容や質が、子どもたちの求めているものとズレを起こしているのではないか、という考え方が必要だと思うのです。ただし、「教育は有用な人材を育成するために、国家社会が必要と決めたことを子どもたちに一方的に教え込むもの」と考えると、このような視点は成り立ちませんが。

(3) 不登校の子どもは「学校のカナリア」

また最近は、うつ病などの精神疾患で休職したり退職する教職員も増えていますが、学校がとても息苦しくなってきて、先生方も忙し過ぎるのではないでしょうか。「レベルの高い」学校に進学させることが至上命題になり、競争主義的な学校運営と管理強化が進んでいる上に、家庭内の「しつけ」に属することも「生活指導」として求められる、これではパンクしてしまいます。

私が不思議でならないのは、根拠のよく分からない細かい校則や生活の決まりです。学校も組織ですから一定のルールが必要ですし、それを学ぶことで子どもは社会性を身に付けるという理屈は分かりますが、服装や髪型、持ち物の中身まで細かく決めて、それを守らせることに、どれだけ意味があるのでしょうか。大人の求める子ども像を押し付けているだけのものもたくさんあると思います。

百歩譲って校内の秩序維持のために必要なのだとしても、放課後や夏休み、冬休みの生活の決まりなど、本来は家庭生活の範疇です。「何時に起きて、何時に寝て、何時間勉強する」とか、「自転車は何月何日から乗ってよい」「校区外には遊びに行かない」など実に不思議な決まりです。「こんなことはおかしい」と思っている先生方もたくさんいるでしょうが、「親から、学校で決めてくれないと困る、と言われるので仕方なく対応している」という話もよくうかがいます。

第4章でも触れましたが、「帰国子女」とその家庭が、日本の学校が家庭生活の細かいことまで口を出すことにカルチャーショックを受けるという話もよく聞きます。これは、学校だけではなく、保護者や子どもを見守る地域も一緒に考えるべきことでしょう。そして、学校も勇気を持って「できることと、できないことがある」とはっきり表明してはいかがでしょうか。

その昔、炭坑では危険発生を予知するために、人間よりはるかに微量の有毒ガスで死んでしまうカナリアを坑道に放し、カナリアが死んだら坑道から引き上げたと言われます。不登校の子どもたち自身は意識していないかもしれませんが、このような学校の息苦しさに音を上げ、危ない状態だとサインを送っている、カナリアの役目を果たしていると思うのです。

周りの大人が不登校をそのように受け止めれば、学校を子どもたちにとってより安心できる、住み心地のよい場所に変えて行くきっかけにすることができるのではないでしょうか。

(4) 学校運営にもソーシャルワークを生かす

ソーシャルワークには、第5章で述べましたケースワーク、グループワークとともに、コミュニティワークという重要な分野があります。これは、その地域に住む人たちが、自分たちの周りの様々な福祉的な課題に主体的、組織的に取り組むことです。ですから地域の力を発掘し、ネットワークでつなげて有効に活用することが求められますし、社会資源が不十分な場合は、その育成や充実に努めることもソーシャルワーカーの重要な役割となります。

そこで「ケアマネジメント」の手法が必要になります。これは介護保険の導入で一般の人々にも広く知られるようになり、「ケアマネさん」という言葉もお馴染みになりました。ケアマネ（ケアマネージャー＝介護支援専門員）は、支援を要する人が地域でよりよく生きて行くために、様々な介護サービスをどのように組み合わせ、どのくらい提供して行くのかを調査・検討し、決定する業務を行なっています。

このようなケアマネジメントの手法は、不登校に限らず、様々な課題を抱えた子どもを支援する上でとても役に立ちますので、すでに取り入れている学校もたくさんあると思います。

学校のケアマネジメントは、まず支援チームを作ることから出発します。クラスに不登校の子どもが出ますと、担任の先生が自分の力で何とか解決しようとしがちです。先生は責任感の強い方が多いことに加え、最近は教員の勤務成績評価が厳しくなり、不登校の子どもがいることで指導力不足と評価されたくないという意識が働くのかもしれません。

しかし、担任との関係がうまく行かず不登校になる場合などは（担任に責任があるという意味ではなく、相互関係に何らかの不具合が生じているという意味です）、担任の先生が何とかしようとすればするほど、子どもとの関係が煮つまることがよくあります。

そこで担任一人に対応を任せるのではなく、学内でチームを作って対応することが大切です。管理職や学年主任のほか、部活顧問や養護教諭などその子が信頼を寄せているほかの教員と、スクールカウンセラーなどが集まり話し合う「ケア会議」を持ち、複数の目で検討を行ない課題を明らかにします。

保護者との信頼関係がある場合は、ケア会議には可能な限り保護者にも参加してもらいたいです。この場合特に重要なのは、会議に参加するメンバーはみな対等な立場だということです。学校関係者が、保護者を取り囲んで学校の方針を押し付けたり、説得する場になってしまうと、子どもの不登校で悩み、不安にかられている保護者は、「学校から責められた」と不信感を抱き、解決がますます難しくなります。

ケア会議の役割は、子どもを取り巻く状況を真っ新《さら》な気持ちでしっかり見つめ、支援方針を決めることです。ですから、「できるだけ早く学校に戻す」ことを学校の方針としてあらかじめ決めてしまうと、それは学校側の「作戦会議」に過ぎず、「ケア会議」とは言えません。

また、ケア会議ではキーパーソン（物事の運営・進行に大きな影響を持つ「鍵になる人」）を決めることも大切ですが、必ずしも担任にこだわる必要はありません。子どもとある程度距離のあるメンバーのほうがスムーズに行く場合もあります。「担任の抱え込み」にしないことが、学内ケアマネジメントの基本なのです。

また、子どもや家庭の状況によっては学内だけのケア会議では不十分な場合もある

でしょう。その際は、子どもに係る公的な機関の協力も必要になります。【註】

不登校の場合、地域に「親の会」やフリースクールなどがあるなら、そのような関係者の知恵を借りることも必要になってくると思います。

私もたまに、このようなケア会議に招かれることがあります。ある小学校では、六年生の児童が不登校になり、そのまま中学校に進級しても通うことが難しいと予想される事例がありました。そこで、特別支援教育コーディネーターの先生がキーパーソンになって、現在の担任、管理職、中学校で担任になる予定の先生、保護者、そして私が参加するケア会議を開催し、中学進級後の対応について話し合いを行なう中で、それぞれがどのように本人に関わったらよいかを確認しました。

親御さんは比較的落ち着いてお子さんの不登校を受け止めていましたが、それでも長期化すれば不安になりますので、「親の会」でお手伝いできることやフリースクール情報などをお伝えし、多少はお役に立てたのではないかと考えています。このような取り組みがもっと進めば、子どもにも保護者にも、よりよい環境を作る手助けになると思います。

また、最近は児童虐待への関心が高まり、ネグレクト（育児放棄）など家庭の養育環境が心配な場合もあるでしょう。それが原因で子どもが学校に行けないことが懸念される場合は、学校だけで抱え込まずに、児童虐待の疑いのある事例として「要保護児童対策地域協議会」（子どもを守る地域のネットワークで、各市町村の児童福祉担当部局で対応）に問題提起することも必要になります。ここでは家族全体に対する支援策を関係者で検討して行くので、学校も関係機関のひとつとしての役割を決めるという視点が必要です。

このように「担任の抱え込み」や「学校の抱え込み」を止めることで、先生方も学校もずいぶんと楽になるのではないでしょうか。学校を数ある地域の「子育て支援」の一機関としてとらえ、そこで抱える様々な課題をネットワークにより軽減・解決して行くこと、これが学校をめぐるコミュニティワークです。そして、そこには公的機関や専門機関だけではなく、「親の会」や様々なボランティア活動も含まれることを是非理解してほしいと思います。

地域住民が学校運営に参画する学校評議員制度や学校運営協議会制度（コミュニティスクール）を取り入れている学校も多数ありますが、これが学校の方針をスムーズに運ぶための手段にとどまってはコミュニティワークとは言えません。学校が抱える困難な課題や先生方の悩みを、率直に保護者や地域のみなさんに公開し、一緒に解決を図って行くという覚悟が必要ではないでしょうか。

これは、学校が単に支援を受ける立場という意味ではありません。災害が起きれば地域の防災拠点としての役割を果たし、夜間の体育館開放などを通じて、地域の様々な文化・スポーツ活動の拠点となっている学校もたくさんあります。このように、日常的に地域とつながって行くことは、子どもたちをめぐる問題の解決について、学校に過重な負担を強いる現状を改善して行くことにつながると思うのです。

【註】児童相談所、福祉事務所、保健所、市町村保健センター、医療機関、発達障害などに関する相談機関、主任児童委員及び民生委員・児童委員、警察、保護司など。

(5) スクールソーシャルワークの活用

ソーシャルワークの手法を取り入れると言っても、そのことから生ずる様々な仕事を先生だけに委ねるのでは、先生方により大きな負担を強いることになりかねません。そこで、学校の中で起きる様々な問題について、社会福祉援助の理論と方法によって解決の手助けをする役割として期待されるのが、スクールソーシャルワーカー（SSW）です。【註】

二〇〇八年度に文部科学省が「スクールソーシャルワーカー活用事業」を導入しましたが、スクールカウンセラー（SC）に比べるとマイナーで十分に理解されているとは言えません。カウンセリングは社会に浸透していますので、SCは学校で様々な悩みや辛さを抱えた子どもたちを対象に（場合によっては家族も含め）カウンセリングを行なう専門職であると理解されていると思います。

それでは、ＳＳＷはどのような役割を果たすのでしょうか。ＳＳＷとして活動されている方からこんな例え話をうかがったことがあります。

ＡさんとＢさんが、川沿いの道を上流に向かって一緒に歩いていました。すると川で溺れた人が助けを求めていたので岸に引き上げ、Ａさんは得意の人工呼吸でその人の命を救いました。さらに上流に向かって歩いて行くと、また溺れた人が流れてきたので、同じように助けました。Ｂさんは溺れた人の救命をＡさんにお願いし「自分はもっと上流に行き、人々が溺れる原因を探して解決の手立てを考える」と急いで上流に向かいました。

溺れて助けを求めている人を不登校の子どもに置き換えますと、ＡさんがＳＣ、ＢさんがＳＳＷです。ですから、どちらのほうが大事と言うことではなく、車の両輪のようにどちらも必要であり相互に連携・協力することで、より大きな役割を発揮できる関係なのです。

ＳＳＷの仕事については、個々の事例では現場の先生方も多かれ少なかれこのような業務を担っているでしょうから、これを恒常的に担う専門職を配置することは、先生方の負担軽減にもつながります。そして何よりも、学校が抱えている問題を少し異なる視点で分析し解決策を考えることは、今後とてもとても重要になってくると思います。

SSWの設置は、国から一定の補助があるとは言え、実施する自治体にとっては新たな財政負担になるためか、なかなか導入は進んでいないのが現状です（補助事業者は、都道府県・指定都市・中核市で補助率1／3）。

また、担い手の確保も大きな課題です。文部科学省はSSWの選考に際して、「社会福祉士や精神保健福祉士等の福祉に関する専門的な資格を有する者が望ましいが、地域や学校の実情に応じて、福祉や教育の分野において、専門的な知識・技術を有する者又は活動実績等がある者」とするよう規定しています。しかし、「専門的な資格を有する者」の確保が難しいこともあってか、退職教員が配置される場合が多いようで、中には退職警察官を配置した県もあります。

もちろん退職教員や退職警察官自体がダメということではなく、ソーシャルワークの価値と倫理に基づいた仕事ができればよいわけですが、現実にどのような役割を果たしているのか検証は必要でしょう。不登校について言えば、「子どもを学校に戻す」ための装置にならないよう、慎重な人選と運用を進めてほしいと思います。

SCやSSWは、身分も収入も不安定な場合が多く、そのことが人材確保を難しくする一因になっています。これらの職種は補助的・臨時的な役割ではなく、日常的に学校運営や子どもの支援に関わる専門職として制度的にきちんと位置付けてほしいと思います。

そのためにも、学校現場からこのような仕組みが必要だという声を上げていただくことを願っています（スクールソーシャルワークに関する詳しい情報は、「特定非営利活動法人日本スクールソーシャルワーク協会」〈ＳＳＷＡＪ〉のＨＰをご覧ください）。

【註】文部科学省はこの事業の実施要領で、次のような役割を挙げている。①問題を抱える児童生徒が置かれた環境への働き掛け　②関係機関等とのネットワークの構築、連携・調整　③学校内におけるチーム体制の構築、支援　④保護者、教職員等に対する支援・相談・情報提供　⑤教職員等への研修活動

2　子どもの多様な成長を保障するために

（1）なぜ「義務教育＝学校に通う義務」と考えてしまうのか

このように、今の制度のもとでも改善に取り組むべき課題はたくさんありますが、

不登校の抜本的解決には、教育制度の改革が不可欠です。そもそも不登校の解決とは不登校を減らすこと、なくすことでしょうか？　現在の学校制度を前提にした「不登校を減らす、なくする」取り組みは、結局子どもが学校に戻ることが解決と考えますから、かえって子どもや家庭を苦しめることになります。

私は、『不登校をなくする』ことではなく、『不登校という概念をなくする』ことこそが不登校問題の解決であり、そのためには、現在の教育制度の大胆な改革が必要だと思います。国が決めた学校に行かないと、子どもはその成長や未来が閉ざされてしまうと大多数の人が思い込んでしまうことに、不登校の最大の問題があり、悲劇が生まれます。このことを、法制度の面から考えてみましょう。

多くの人は、「義務教育＝子どもが学校に通う義務」と考えていないでしょうか。ここに大きな落とし穴があります。

まず日本国憲法第二六条（教育を受ける権利、教育の義務）の第一項で、「すべて国民は、法律の定めるところにより、その能力に応じて、ひとしく教育を受ける権利を有する」と規定しています。教育を受けることは国民の権利なのです。

そして第2項で、「すべて国民は、法律の定めるところにより、その保護する子女に普通教育を受けさせる義務を負ふ。義務教育は、これを無償とする」と規定しています。つまり、「義務教育」とは、保護者が「子どもの教育を受ける権利」を実現するための場を保障する義務を負うという意味なのです。さらに、「これを無償とする」ということは、国が制度としてそれを実施する責任を負うことです。

この憲法に基づき、教育基本法第五条（義務教育）第一項で、「国民は、その保護する子に、別に法律で定めるところにより、普通教育を受けさせる義務を負う」と規定していますので、これは「普通教育を受けさせる」義務であり、子どもが学校に通う義務を定めたものではありません。

しかし、第六条（学校教育）で、「法律に定める学校は、公の性質を有するものであって、国、地方公共団体及び法律に定める法人のみが、これを設置することができる」と規定し、普通教育を提供できる機関が限定されます。

そして、学校教育法第一条で、「この法律で、学校とは、幼稚園、小学校、中学校、高等学校、中等教育学校、特別支援学校、大学及び高等専門学校とする」と規定しており、いわゆる「一条校」と呼ばれています。

さらに第一六条で、「保護者（子に対して親権を行う者（親権を行う者のないときは、未成年後見人）をいう。以下同じ。）は、次条に定めるところにより、子に九年の普通教育を受けさせる義務を負う」と規定しますので、小中学生年齢の子どもが普通教育を受けることのできる場は、この「一条校」だけということになってしまいます。こうして、「義務教育＝学校に通う義務」という「思い込み」が生まれるわけです。

そこから「不登校＝就学義務の不履行」→「不登校対策＝学校復帰」という政策になるわけです。しかし、文部科学省が膨大な予算とエネルギーを費やして進めてきた「不登校対策」にもかかわらず不登校は増え続けてきました。最近は実数は微減していますが、子どもの人数も減っているため出現率はそれほど減少していませんので、これまでの政策は破綻していると考えるべきでしょう。これは、普通教育を保障する場として既存の「一条校」だけでは対応できないという現実を示しています。

(2)「公財政教育支出」の公平性を確保する

普通教育を義務教育として国と地方公共団体の責任において実施することは、子どもの教育を受ける権利を保障するために不可欠なことですから、膨大な教育予算が支出されています。

これを文部科学省が作成した「在学者一人当たり公財政教育支出」のデータで見ると、二〇〇九年は全教育段階で七八三八ドルです。これは国際比較で用いられたデータですのでドル表示ですが、一ドル一〇〇円とすれば約七八万円ですから、子どもが不登校の場合、このようなサービスを受けることはできません。【註】

これをわが家で換算しますと、次女は小学四年から中学三年まで六年間ほとんど学校に行っていませんので、年間約七八万円、合計約四七〇万円相当の教育サービスを受けられなかったことになります。

また、全国各地でいろいろなフリースクールやフリースペースが活動しています。たくさんの不登校の子どもがここを利用して元気を回復し、学校に戻ったり進学したり、アルバイトを始めたりボランティア活動に参加したりと、社会人として成長する上で大きな力になっています。

函館でも二〇一三年四月から「函館圏フリースクール　すまいる」が一軒家を借りてオープンしました。ここには、不登校の子どもが遊びにきて自由に過ごせるフリースペースがあり、一〇名以上の小中学生が利用登録しています。通信制高校のレポート作成や高卒認定などの高校卒業資格取得のための学習支援のほか、お宅にうかがい、メンタルフレンドとして楽しく話をしたり遊んだりする活動にも取り組んでいます。

しかし、これらの団体は、教育制度上は何の位置付けもない任意組織なので、公的助成はほとんどありません。行政からの補助金などを受けている団体もごく一部にありますが、恒常的・安定的に給付が保障されているわけではありません。

ですから、これらの団体は、収入の大半を利用者が支払う利用料に頼らざるを得ません。利用料は団体によってまちまちですが、子どもたちがいつでも集まれる場所を提供するとなると、常時スタッフも配置しなければならず、子どもひとり当たり月三～四万円になるようです。この収入も安定して確保できるとは限りませんので、全国どこのフリースクールも財政的に厳しい運営を強いられています。

これは利用者からすると、無料で受けられる学校のサービスを受けられない上に、子どもが学校に通っていればかからなくてすむお金を余分に支払っていることになり、「二重の負担」を強いられるとも言えます。また、このような費用を負担できるのはある程度家計に余裕がある家庭に限られ、貧困家庭ではなかなか利用が難しいために、今度は「不登校における格差」問題が生じています。

もし「子どもは学校に通う義務」があると考えれば、不登校は、子どもやその家庭が勝手にしていることなので、このような負担も自己責任だという理屈が成り立つでしょう。しかし、繰り返しますが、日本国憲法は、全ての子どもに「教育を受ける権利」を保障しているのであり、多くの子どもが不登校をしている現状でその理念を実現するためには、教育制度改革こそ必要だと思うのです。

【註】在学者一人当たり公財政教育支出は、ＯＥＣＤ（経済協力開発機構〈＝先進国クラブ〉）平均が八二七四ドルですから、日本は世界の先進国よりも低い水準です。初等中等教育段階（小学校・中学校段階）では日本が七七七九ドル、ＯＥＣＤ平均が八一八八ドルで、やはり日本が下回っています（二〇一二年十月二

十九日、中央教育審議会大学分科会資料）。ここから、「日本は子どもの教育にかけるお金が少ない」という議論が生まれますが、その少ないお金でもそれに相当するを教育サービスを受けることができるのは、学校教育法で定められた学校に通う子どもに限られます

（3）「多様な学びの場」の創出を

このような現状の改革を目指し、二〇一二年七月に全国のフリースクールや、シュタイナー教育など独自の教育実践に取り組む関係者や教育学者などを中心として「子どもの多様な学び保障法を実現する会」が結成されました。設立発起人代表は著名な教育学者で白梅学園大学学長の汐見稔幸氏、早稲田大学教授で「子どもの権利条約ネットワーク」代表の喜多明人氏、日本で初めて本格的なフリースクール「東京シューレ」を設立した「ＮＰＯ法人フリースクール全国ネットワーク」代表理事の奥地圭子さんで、二〇一三年七月八日に開催された第三回総会で、「子どもの多様な学びを保障する法律（多様な学び保障法）骨子案」が採択され、次のような趣旨が述べられています。

「私たちは、多様な個性の子どもたち、多様な状況を生きる、すべての子どもたちが、

安心して育ち、学びの場を自由に選び、幸せに成長できる社会を願い、ここに『子どもの多様な学びの機会を保障する法律』を提案いたします。

日本国憲法は、戦前の天皇制教育への反省に立ち、国民主権の原理のもと、『国民は教育を受ける権利を有する』と定め、教育は義務ではなく、学び育つ主体としての子ども自身の基本的人権として、学ぶ権利を保障する営みに変わりました。子どもの学ぶ権利を満たすため、学校教育法が作られ、行政は学校設置義務を負うことになりました。そして戦後六〇年あまり、日本の教育は、高い就学率を誇り、ある意味、経済の高度成長を支え、かつて見られない高学歴社会となりました。

しかし、現在、いじめ、いじめを苦にした自殺、不登校、学習意欲の低下、学級崩壊、校内暴力の増加、発達障害への無理解、外国人学校への無権利状況等、種々の問題を抱え込んでいます。これらの状況は、一人一人の子どもの学ぶ権利が充分満たされておらず、安心して学んだり、自分に合った学習や成長ができずに苦しんでいる姿だと、私たちは捉えています。

そこで、私たちは、すべての子どもに学ぶ権利を保障するために、学校で学ぶ以外にも、多様な学びが保障される仕組みが必要だと考えます。これまで日本の教育は、国が定めた学習指導要領にもとづき、全国的に画一な教育内容による学習を行ってきました。これらの教育は、雑多な知識の詰め込みに効率を上げた面もあったかもしれませんが、子どもが求める学びとかけ離れた面もあり、子どもの豊かな個性、感性が伸びず、ストレス度を強める傾向にありました。すべての子に学ぶ権利を保障するためには、多様な教育が存在し、それを選ぶことができ、自ら求める学びが手にできる仕組みがあることが、求められます。（中略）

多様な個性と学習ニーズを持つ子ども、若者が存在する現代日本において、学校教育以外の多様な教育を、子どもの学ぶ権利、教育を受ける権利を保障する場として位置づけられることは、教育の機会均等を実現する上でも必要です。

そして、この新しい制度による教育は、憲法で言う、普通教育を受けさせる義務、すなわち親の教育義務を果たすものとしても位置づけられるべきと考えます。

この新しい教育のしくみは、不登校が抱える問題の解決にも大きく結びつくでしょう。子どもたちは種々の事情から学校と距離をとる現実があるわけですが、学校教育法に基づく学校一本しかないと、学校復帰が前提となってしまい、子どもや親を苦しめたり、追い詰めたりもしました。もし学校がつらかったり、合わない場合、家庭を含め、他の学び場を選べたら違っていたことでしょう。

子どもは安心できる自分に合った場所でこそ、よき成長をし、能力を開花させます。そして、選択できることが自己肯定感の形成にも大きく役立つと思われます。

日本社会としても、多様な学習選択ができるようにすることにより、豊かな学びが存在する社会となっていくことでしょう。その方向は、世界の教育の流れでもあります。そして、子どもたちが、学ぶ権利の主体として、生き生きと育つ、幸せな子ども時代を手にすることに寄与できることでしょう。

以上の趣旨により、『子どもの多様な学びの機会を保障する法律』の制定を提案します。」

次に、この骨子案ではどのような制度を目指すのか、ごく簡単に内容を紹介します。

①　子どもの基本的人権としての学ぶ権利を保障する。

②　子どもは、それぞれの学習ニーズに応じて「一条校」以外の家庭を含む「多様な学びの場」で普通教育を受けることができる。

③　国及び地方公共団体は、そのための支援体制をつくる。

④　保護者は、子どもを「多様な学びの場」で学ばせることによって普通教育を受けさせる義務を果たすことができる。

⑤　市町村は、子どもが「多様な学びの場」で学ぶ場合、その保護者に学習支援金を給付する。

⑥　「多様な学びの場」のうち、登録された学習支援機関は、保護者に代わって学習支援金を受領し、その授業料に充てることができる。

⑦　「多様な学びの場」を支援する体制をつくる。（全国レベルの「（仮称）多様な

学び支援推進機構」、地方公共団体による「学習支援センター」の設置など）

⑧　学習支援機関は、学習支援金を受領するときは、都道府県に登録する。登録を申請できる学習支援機関は、NPO法人等の公益法人と地方公共団体とする。

⑨「多様な学びの場」は、子どもが学習した内容を証明する履歴証明書を発行する。

⑩「多様な学びの場」と学校教育との相互の乗り替えは、子どもや保護者の意思を尊重し、「多様な学びの場」で学んだ子どもは、中学校または高等学校への入学資格を付与されるよう国は必要な措置を講ずる。

⑪　地方公共団体は、この法律とは別に定める「学習権オンブズパーソン」を設置し、「多様な学びの場」による学習支援の質の確保・向上をはかる。

このような仕組みは一八七二年（明治五年）から続く日本の近代学校教育制度の根幹を揺るがす大改革ですから、制度設計に当たって解決すべき難問もたくさんあります。また、「公教育の解体につながる」という懸念も出されるでしょう。

例えば、民間の進学塾が難関大学合格を目標とした進学塾を作り、エリート養成学校を開くことも考えられます。しかし、既存の学校自体が、偏差値によって序列化されて行く受験システムにがっちりと組み込まれ、受験産業が隆盛を極めているのが現実ですので、「多様な学び保障法」がその分野を大きくカバーすることは考えにくいと思います。むしろ、そのようなコースに乗らない、あまり光の当たらなかった教育分野を充実させて行くことに大きな役割を果たすことが期待されます。

これまで述べてきたように、不登校・ひきこもり・いじめ・体罰などの問題が一向に解決しないのは、現在の学校教育が制度疲労を起こしていることの表われですし、既存の学校に全ての子どもたちを囲い込むことはもはや不可能です。

学校に戻ることで自分らしく生き生きと元気に成長する不登校の子どももいるでしょうし、学校という枠組みから解放されることで新たな可能性を切り拓《ひら》くことのできる子どももたくさんいます。どちらがよい、悪いの問題ではありません。

もし多くの子どもが「新しい学校」を選択したならば、既存の学校は「なぜ自分たちは選ばれないのか」を真剣に考え、子どもにとってよりよいものに変わって行く大きな契機になると思います。

また、「新しい学校」は単に不登校の子どもを受け入れるだけではなく、既存の学校では実施できない、シュタイナー教育など独自の教育理念に基づく学校も正規の学校として認めようというものですから、子どもと家庭の選択肢が広がります。【註】

このように多様な選択肢が切磋琢磨することで、お互いの教育内容の質を向上させることができるのではないでしょうか。どんな事業であっても、「黙っていてもお客さんがくる」ことに安住していては、その後の発展は望めません。

まだ骨子案段階ですし、実現には長い道のりが必要でしょうが、日本の教育の課題や改革のあり方を考える上で、とても重要な問題提起だと思いますので、積極的な議論が巻き起こることを願っています。

【註】シュタイナー教育は、ドイツの哲学者・教育学者のルドルフ・シュタイナーが独自の教育観で一九一九年に創始したドイツヴァルドルフ自由学校が原型。一人の担任の先生が小一から中二まで八年間、生徒の心の成長を支えながら指導することや、記憶を問うテストを行なわないことなどが特徴。現在世界に数百校。日本では学校教育法上の正式な学校としては認められていなかったが、教育特区制度などでいくつかの法人が誕生しています。シュタイナーは、「教育は科学であってはならない。それは芸術でなければならない」「どんな教育も基本的には人間の自己教育である。私たちは、子どもが自らを教育できるように、そのふさわしい環境を提供しなければならない」と述べています。

3　子どものことは子どもに聴こう！

子どもにとってよりよい社会を創ることは、私たち大人の責務です。同時に、子どもは大人が用意したものを受け入れるだけの存在ではありません。よりよい社会をともに創って行くパートナーであり、新しい社会を担う主体です。ですから、子どものことは、まず子どもに聴くことが大切です。

社会福祉の分野でも、当事者主権ということが重視されています。支援を受ける人は、単にサービスの受け手ではなく、積極的に自分の生きる場作りに関わって行くのです。ですから、不登校支援を語るなら、まず不登校の子どもたちの声を聴く必要があります。

二〇〇九年八月、全国のフリースクールやフリースペース、ホームエデュケーションを利用する子どもや若者が東京で交流合宿を開催し、「不登校の子どもの権利宣言」を発表しました。この宣言作りのきっかけは、フリースクール「東京シューレ」に通う子どもたちが、ユニセフの活動や「子どもの権利条約」を紹介する施設を見学した際、「君たちは幸せだ。ご飯を食べられ、学校に行けて戦争にもかり出されない」と言われたことでした。

自分たちは本当に幸せなのか、学校が合わなくて苦しんだ自分たちはどうしたらいいか、「甘えている」「わがまま」といった言葉にどう応えればいいのか…。自分たちを見つめ直そうと「子どもの権利条約」について勉強し、話し合いを重ねました。そして、このような宣言を発表するまでに成長したのです。少し長くなりますが、まずは当事者の意見を見てみましょう。

前文

私たち子どもはひとりひとりが個性を持った人間です。しかし、不登校をしている私たちの多くが、学校に行くことが当たり前という社会の価値観の中で、私たちの悩みや思いを、十分に理解できない人たちから心無い言葉を言われ、傷つけられることを経験しています。

不登校の私たちの権利を伝えるため、すべてのおとなたちに向けて私たちは声をあげます。

おとなたち、特に保護者や教師は、子どもの声に耳を傾け、私たちの考えや個々の価値観と、子どもの最善の利益を尊重してください。そして共に生きやすい社会をつくっていきませんか。

多くの不登校の子どもや、苦しみながら学校に行き続けている子どもが、一人でも自身に合った生き方や学び方を選べる世の中になるように、今日この大会で次のことを宣言します。

一　教育への権利

私たちには、教育への権利がある。学校へ行く・行かないを自身で決める権利がある。義務教育とは、国や保護者が、すべての子どもに教育を受けられるようにする義務である。子どもが学校に行くことは義務ではない。

二　学ぶ権利

私たちには、学びたいことを自身に合った方法で学ぶ権利がある。学びとは、私たちの意思で知ることであり他者から強制されるものではない。私たちは、生きていく中で多くのことを学んでいる。

三　学び・育ちのあり方を選ぶ権利

私たちには、学校、フリースクール、フリースペース、ホームエデュケーション（家で過ごし・学ぶ）など、どのように学び・育つかを選ぶ権利がある。おとなは、学校に行くことが当たり前だという考えを子どもに押し付けないでほしい。

四　安心して休む権利

私たちには、安心して休む権利がある。おとなは、学校やそのほかの通うべきとされたところに、本人の気持ちに反して行かせるのではなく、家などの安心できる環境で、ゆっくり過ごすことを保障してほしい。

五　ありのままに生きる権利

私たちは、ひとりひとり違う人間である。おとなは子どもに対して競争に追いたてたり、比較して優劣をつけてはならない。歩む速度や歩む道は自身で決める。

六　差別を受けない権利

　不登校、障がい、成績、能力、年齢、性別、性格、容姿、国籍、家庭事情などを理由とする差別をしてはならない。例えばおとなは、不登校の子どもと遊ぶと自分の子どもまでもが不登校になるという偏見から、子ども同士の関係に制限を付けないでほしい。

七　公的な費用による保障を受ける権利

　学校外の学び・育ちを選んだ私たちにも、学校に行っている子どもと同じように公的な費用による保障を受ける権利がある。例えば、フリースクール・フリースペースに所属している、小・中学生と高校生は通学定期券が保障されているが、高校に在籍していない子どもたちには保障されていない。すべての子どもが平等に公的費用を受けられる社会にしてほしい。

八　暴力から守られ安心して育つ権利

　私たちには、不登校を理由にした暴力から守られ、安心して育つ権利がある。おとなは、子どもに対し体罰、虐待、暴力的な入所・入院などのあらゆる暴力をしてはならない。

九　プライバシーの権利

　おとなは私たちのプライバシーを侵害してはならない。例えば、学校に行くよう説得するために、教師が家に勝手に押しかけてくることや、時間に関係なく何度も電話をかけてくること、親が教師に家での様子を話すこともプライバシーの侵害である。私たち自身に関することは、必ず意見を聞いてほしい。

十　対等な人格として認められる権利

学校や社会、生活の中で子どもの権利が活かされるように、おとなは私たちを対等な人格として認め、いっしょに考えなければならない。子どもが自身の考えや気持ちをありのままに伝えることができる関係、環境が必要である。

十一　不登校している私たちの生き方の権利

おとなは、不登校している私たちの生き方を認めてほしい。私たちと向き合うことから不登校を理解してほしい。それなしに、私たちの幸せはうまれない。

十二　他者の権利の尊重

私たちは、他者の権利や自由も尊重します。

十三　子どもの権利を知る権利

私たちには、子どもの権利を知る権利がある。国やおとなは子どもに対し、子どもの権利を知る機会を保障しなければならない。子どもの権利が守られているかどうかは子ども自身が決める。

二〇〇九年八月二十三日　全国子ども交流合宿「ぱおぱお」参加者一同

この宣言は、東京で開催された第20回「登校拒否・不登校を考える夏の全国大会2009」で報告されました。私はその会場で、子どもたちの堂々とした発表を聞いて感涙を抑えることができませんでした。

この宣言は、不登校だけではなく、様々な苦しみや辛さを抱える子どもや若者にとっても力強いメッセージですし、教育改革を始め、子ども・若者をめぐる日本社会の多くの課題を解決する手がかりの宝庫です。こんなに鋭く豊かな感性と、社会に対する前向きな意見を持った子どもや若者が育ってきたのですから、私は日本の未来に大きな希望を持っています。

現在、この宣言を作成したメンバーを中心に『「不登校の子どもの権利宣言』を広めるネットワーク』を立ち上げ、活発な取り組みを進めています。二〇一一年七月には、不登校の子どもたちが実際に体験したことをもとに、各条文の持つ意味や役割を解説した追補版を発表し、普及に取り組んでいますので、詳しくは同ネットワークのHPをご覧ください。

私は、不登校に関わる全ての人々がこの宣言を読み、この声を「不登校支援のこれからを考える」ための礎にすることを願っています。

4　ひきこもり支援のこれからを考える

(1)「支援」に名を借りた人権侵害を防ぐために

第3章でも述べましたが、ひきこもり支援において一番大切なことは、「ひきこもりを否定的に見ない」ことであり、苦しんでいる当事者に寄り添った支援を行なうことです。「今どきの若者は精神がたるみ、甘えているので鍛え直す必要がある」とか、「自分の食い扶持《ぶち》も自分で稼げない若者が増えては、社会のお荷物が増えるので何とかしなければならない」という発想で、この分野に関わるのは大きな間違いのもとになり、実際に深刻な犯罪事件すら発生しています。

二〇〇六年四月、名古屋市にあるアイ・メンタルスクールという「ひきこもり支援」を謳《うた》う施設で、ひきこもりの若者を手錠で拘束して自宅から連れ出し、入所中に身体を柱にくくり付けるなどして暴行し死亡させた事件が起き、杉浦昌子代表は逮捕監禁致死容疑で逮捕・起訴され実刑判決を受けました。

また、杉浦代表の姉の長田百合子氏が主宰する「長田塾」でも、脱出した青年がそこで受けた人権侵害に対する損害賠償を求め、二〇〇七年九月、名古屋高裁は指導員の暴力など違法性を認める判決をくだしました。

二〇〇八年九月には、京都府にある「丹波ナチュラルスクール」で入所者に対し虐待を加えた経営者が逮捕されました。

この分野で古くから有名なのは「戸塚ヨットスクール」で、一九七九年から一九八二年にかけて、五名の入所者が死亡・行方不明となり、戸塚宏代表は傷害致死罪により二〇〇二年に最高裁で懲役六年の実刑判決が確定しました。戸塚代表は出所後もヨットスクールを継続し、第4章で紹介した「体罰の会」の顧問も務めています。

また、一九八七年には埼玉県秩父市の「不動塾」で「不登校と家庭内暴力を矯正するため」に預けられた十五歳の少年が執拗な暴行を受けて死亡、塾長は監禁・傷害致死罪により、東京高裁で三年の実刑判決が確定しました。

そして一九九一年には、広島県三原市にあった「風の子学園」で十四歳の男子と十六歳の女子が炎天下のコンテナに四十四時間閉じ込められて死亡する事件が発生、学園長の男性が監禁致死罪で懲役五年の実刑判決を受けました。

これは全国の不登校関係者に衝撃を与え、不登校の子どもたちが緊急集会を開催するなど、不登校に対する社会の誤解と偏見を告発して行く大きな契機となりました。私も、当時十七歳の長女がこの新聞記事を見て、「ひどい…」とつぶやきながらポロポロ涙をこぼしていた姿を鮮明に記憶しています。

このような信じられない事件が起きると、「家族はなぜそんなところに子どもを入れたのだろう」という疑問を持つ方も多いでしょう。しかし、不登校やひきこもりが長期間「改善」せず、外部との接触を完全に絶ったり、家庭内暴力のような行動に及びますと家族も焦り、追いつめられ、藁にもすがる気持ちでいろいろな事業者に頼ってしまう場合があるのです。

ですから、何らかの施設を利用する際、「あなたの子育てが失敗したからこうなった。もっと厳しくやらなければダメだ」とか、「私に任せれば大丈夫」と言うような事業者はやめたほうがよいでしょう。「子育ての失敗」は大なり小なり、どの親も経験することです。そこを責めて子育てについての自信を失わせ、「あなたではダメだからこちらに任せなさい」というやり方は、これまで述べてきたソーシャルワークの考え方や方法論と真逆のものです。支援を謳う事業者が、本人の気持ちに寄り添う社会福祉援助の視点を持ち、そのような専門職をきちんと配置しているのかどうかをしっかり見極める必要があります。

このように悪質な事業者が一定の影響力を持ってきたのは、十分な相談支援体制が作られてこなかったことにも一因があるかもしれません。しかし、徐々にではあれ、ひきこもりについても相談支援体制ができつつありますので、しっかりとそのような情報をキャッチし相談することができれば、人権侵害を引き起こし、子どもを危険に晒すようなことにならなくてもすむはずです。

(2) 重要さ増す精神保健福祉分野からの支援

それでは、具体的にどのような支援が期待できるでしょうか。ひとつは、精神保健福祉分野からのアプローチです。「ひきこもり＝精神疾患」ではありませんが、その背景にうつ病や不安障害、統合失調症などの精神疾患が考えられる場合もあります。さらに、ひきこもりのような状態になったときに、周りが不適切に関わることで二次障害として精神疾患を発病する場合もあり、適切な精神保健福祉分野からの支援が必要になります。

行政機関では、保健所と精神保健福祉センター、市町村の精神保健相談窓口（たいてい保健師が配置されています）が担当部署になります。もちろん、ひきこもりについての理解度や支援経験も違いますので、そこで全てが解決するとは限りませんが、家族だけで抱え込んでいては親子関係も改善されません。

最近は、この問題に積極的に取り組む保健所も増え、私もこれまで九か所の北海道立保健所の研修会にお招きいただきました。このような保健所では、ひきこもりに悩む家族の交流会を開催したり、家族会を支援していますので、そことつながることも大きな支えになるはずです。

また、行政からの委託を受けて「ひきこもり成年相談センター」が全国各地に開設されており、精神科医や保健師、精神保健福祉士など専門のスタッフが相談に応じています。北海道では二〇〇九年度に「北海道ひきこもり成年相談センター」が開設され、「支援の基本的考え方」について次のように述べていますので、家族・当事者だけでなく、支援に関わる関係者もこのような機関を積極的に活用いただきたいと思います。

「ひきこもっている人を家から出すことが支援の最終ゴールではありません。私たちは、ひきこもっている本人が、どのような生き方を望み、そのために何が求められるかという視点から第一相談窓口として、個別の相談（来所・電話・メール）にきめ細かく対応していきたいと考えています。同時に道内のどの地域に住んでいても、支援が受けられるよう現在活用できる、さまざまな社会資源（教育機関、相談機関、医療機関など）や人材と連携し、支援ネットワークを作る必要があると考えており、今その準備をしているところです」

(3) 「地域若者サポートステーション」(「サポステ」)の大きな役割

「サポステ」は、「働きたいけど、どうしてよいかのかわからない…」「働きたいけど、自信が持てず一歩を踏み出せない…」「働きたいけど、コミュニケーションが苦手で…不安」「働きたいけど、人間関係のつまずきで退職後、ブランクが長くなってしまった…」など、働くことの悩みを抱えている十五歳から三十九歳までの若者の就労支援を、厚生労働省が若者支援の実績やノウハウのある団体に業務委託して実施するものです。二〇〇六年度に全国二五か所でスタートし、二〇一三年度現在、全国一六〇か所に設置されています。

「サポステ」は、基本的には就労支援のための機関なので「ひきこもり支援」が直接の目的ではないのですが、利用者の就労が難しい要因のひとつにひきこもり体験がある場合が多く、結果として「ひきこもり支援機関」の役割を果たしており、地域でもそのように認知されているところが多いと思います。

私が相談員を務める「はこだて若者サポートステーション」は、二〇一〇年六月に一般財団法人北海道国際交流センターが委託を受け事業を開始しました。この団体は全国から留学生を招いて道南地域の家庭にホームステイしてもらい、日常生活での交流を通して互いの理解を深める活動や、外国の大学生を対象にした日本文化・日本語講座を開設するなど、様々な国際交流を進めています。

函館は、ペリー来航を契機に日本最初の開港場となり外国との交流も盛んでしたので、このような活動が発展する土壌が育まれたのかもしれません。ちなみに、二〇一三年のNHK大河ドラマ「八重の桜」の新島襄が、国禁を破って函館からアメリカに渡航した地の記念碑がサポステの近くにあります。

国際交流団体がサポステ事業を実施する例は全国的にも珍しいのですが、国際交流はお互いを否定せず異文化を理解し合うことが基本です。ですから、「みんな違っててみんないい」を基本理念に、社会参加に辛さを抱えている若者を、同じ人間として違いを認め合いながら、本人たちが願う自立に向けてサポートしています。

利用者は、相談員（キャリアカウンセラー、心理カウンセラー、ソーシャルワーカー）との個別相談を通してどのようにサポステを利用するのか一緒に考えます。サポステのプログラムには、人との関わりを少しずつ持つことができるようになるためのワークショップや、留学生との交流などの多文化共生プログラムのほか、就トレ、パソコン講座などのセミナー、職場見学やジョブトレーニング、地域イベントやボランティアへの参加などが用意されています。また、週二回、当事者が自由に過ごすことができる居場所も開設されており、本人が来所できない場合は、家族との面接相談も行なっています。

利用状況は第3章で紹介した通りですが、開設から二〇一四年一月末までの利用登録七八三件のうち、三三四件（三八・八％）が何らかの形で進路決定し、その内訳は就職が八四・七％、職業訓練が九・六％、進学が五・七％となっています。

(4) 難しい課題に直面する「サポステ」

しかし、「サポステ」はひきこもり支援の一端を担うことは確かですが、そこで全て問題が解決するわけではありませんし、魔法の杖ではありません。私はまず、サポステに求められる「進路決定」の考え方に違和感を持っています。

税金を投入している以上、何らかの評価は必要ですし、就労支援機関であるサポステにおいて、就職に結び付いた人数が大きな評価基準になるのは分かります。厚生労働省が当初目標にした進路決定は三割でしたので、「はこだてサポステ」の約三九％はとても善戦した数値だと思います。

そこに至るまでに費やしたエネルギーは並大抵のものではありませんが、進路決定に至らなかった残りの六一％についても、その過程で果たした「サポステ」の役割はとても大きなものがあります。

利用者には「コミュニケーションが苦手」「自信が持てない」「人間関係のつまず

き」などを訴える者が多いのですが、生活歴や修学・就労の体験をじっくりうかがいますと、何らかの精神疾患や発達障害領域の課題を抱えていると思われる方がかなりの割合でいます。

「サポステ」は、「仕事をしたいがうまく行かないので何とかしたい」という方は誰でも利用できますから、いろいろなプログラムへの参加を通して利用者がその課題に気が付いて行く場合も多いのです。

また、メンタルクリニックを受診しながら「サポステ」に通う方や、発達障害の診断を受けている方もたくさんいますから、解決しなければならない多数の課題が複雑に絡み合い、そう簡単に就労につながるわけではありません。

このような課題を抱えた利用者に対し、「サポステ」だけで支援するには当然限界があり、医療機関や専門の相談支援機関と協力する必要がありますが、これにも大きなエネルギーが必要となります。また、家族もそのことを理解し、本人に合った進路選択に向けて協力いただきたい場合には、家族への支援も重要になります。

福祉的な就労支援が必要な場合もあります。例えば、そのひとつに障害者総合支援法に基づく「就労継続支援事業」があります。これは、通常の事業所に雇用されることが困難な障害者に就労の機会を提供し必要な訓練を行なう事業で、障害者と雇用契約を結び最低賃金を保障する「雇用型」のA型と、雇用契約を結ばす、利用者が比較的自由に働くことのできる「非雇用型」のB型があり、こちらは最低賃金は適用されません。

ところが、「サポステ」の進路決定としてカウントされるのはA型だけで、B型はカウントされません。「サポステ」は就労支援機関なのでA型のみが進路で、B型は福祉の対象と言うことかもしれませんが、AであろうとBであろうと、利用者支援にかけたエネルギーに違いはありません。何よりも、利用者にとってひきこもり生活から一歩を歩み出す上でとても大きな前進であり、その価値に何の差もありません。

また、進路決定に至らない利用者にとっても、「サポステ」に参加すること自体がとてつもなく勇気のいることとです。まして継続的に参加できるようになることは、人生そのものを大きく変えることにもつながります。

たくさんの利用者から、「サポステにきて、とても久しぶりに家族以外の人と話ができ嬉しかった」「サポステに来ることで生活に目標ができ、生活にメリハリが付いてきた」「他人が怖くて話するのが不安だったが、いろんな人と話ができて気持ちが楽になった」といった話をうかがい、そのことを実感しています。

このような利用者の生活の変化は、進路決定と同じ価値を持つと思うのですが、現在の評価基準ではこのような「主観的満足度」は反映されません。生活の満足度が上がり、自分に自信を取り戻すことがなければ就労への強い意欲や実行する力も湧いてこないにもかかわらず、です。

そこに至る長い道のりの支援こそ「サポステ」の大切な役割であり、就労できたかどうかの数値でその成否を判断するのは、支援スタッフの献身的な取り組みや、利用者の真剣な努力を正当に評価することにはなりません。

それどころか、より深刻な事態が生じています。二〇一三年度の行政改革推進会議「秋のレビュー」では、サポステ関連事業について「有効と言い難く、事業に終期を設けるなど事業の出口戦略が必要ではないか」という評価がくだされました。この評価が変わらなければ、サポステの存続そのものが危ぶまれます。事業が廃止された場合、サポステに支援を求めてきた若者は、いったいどこを頼ればいいのでしょうか？

二〇〇九年には「子ども・若者総合支援法」が施行され、いわゆる「ニート・ひきこもり」の若者も主要な支援対象となっていますので、サポステ事業は充実・強化こそ必要であり、廃止の動きはこの法律の趣旨に逆行すると言わざるをえません。

【註】子ども・若者総合支援法第一条（目的）で「（前略）社会生活を円滑に営む上での困難を有する子ども・若者の問題が深刻な状況にあることに踏まえ、子ども・若者の健やかな育成、子ども・若者が社会生活を円滑に営むことができるようにするための支援その他の取組（中略）を推進することを目的とする」と規定し、第二条（基本理念）の七では「修学及び就業のいずれもしていない子ど

も・若者その他の子ども・若者であって、社会生活を円滑に営む上での困難を有するものに対しては、その困難の内容及び程度に応じ、当該子ども・若者の意思を十分尊重しつつ、必要な支援を行うこと」としています。そのために国は内閣総理大臣を本部長とする「子ども・若者育成支援推進本部」を設置し、「子ども・若者育成支援推進大綱」を策定して様々な施策に取り組むこととし、都道府県・市町村の責務や関係機関等による支援も規定しています。関係機関等の支援では「必要な相談、助言又は指導」「医療及び療養を受けることを助けること」「生活環境の改善」「修学・修業を助けること」「社会生活を営むために必要な知識技能の習得を助けること」などが挙げられています。

5　就労支援はもっと多様に、もっと柔軟に

（1）発達障害の支援を通して考える

また、発達障害を抱えた人にとっても通常の就労は高いハードルです。確かに発達障害と思われる方や診断を受けている方の相談は増えていますが、「発達障害が増え

ている」という表現には大きな疑問があります。学校では「一クラスに六〜七％の発達障害児童がいる」と言われますが、「本当かな？」と思ってしまいます。

「発達障害者支援法」では第二条（定義）の1で、「この法律において『発達障害』とは、自閉症、アスペルガー症候群その他の広汎性発達障害、学習障害、注意欠陥多動性障害その他これに類する脳機能の障害であってその症状が通常低年齢において発現するものとして政令で定めるものをいう」と規定しています。この定義が適切かどうかいろいろ議論がありますが、これを前提に支援策が講じられていますので、これを基に考えてみます。

「低年齢で発現する脳機能の障害」ですから、親の育て方とか本人の努力不足ではなく生まれ付きの障害であり、それが近年急激に増えたというのはどうも変です。食生活の変化によって胃腸や循環器の疾病状況が変わってきたというのは分かりますが、人間の脳機能はそんなに急激に変わるとは思えませんので、発達障害と言われる特徴を持った人は、昔から一定割合でいたはずです。

発達障害者はコミュニケーションがうまく取れず対人関係に様々な困難を抱えていますが、学校でも職場でも、以前はそれが大きな問題にならなかったのは「障害」というくくりに入れて大騒ぎするようなことではなかったからなのだと思います。

そもそもどんな障害であれ、それが生活上でどのような支障をきたすのかは、本人を取り巻く環境によって変化します。例えば、足腰が弱ったり障害があって自力歩行が困難になった場合、車椅子を利用できるのと利用できないのとでは、障害の表われ方が全然違ってきます。

発達障害が障害として強く意識されるのは、学校や職場、社会の環境が大きく変わり、コミュニケーションや人間関係の上手な対応が、ことのほか求められるようになったからでしょう。

「小さいころは発達障害に気がつかなかったが、大きくなるにつれて目立ってきた」というのもよくうかがう話で、これも環境の変化によるものです。小さいころは生活の枠組みがゆるやかなので多少大目に見られますが、学年が上がるにつれて生活の枠組みや人間関係も変化してくるので「障害」が表面化するわけです。

また、高校までは普通にやっていたように見えたけれど、「大学に行ってから、仕事に就いてからうまく行かなくなった」という話もよくうかがいます。高校まではある程度決められた日課に従って動くので、みんなと同じように行動することで学校生活を送ることができても、大学では単位取得を始め、自分の判断で動く場面が増えてきます。そして、職場ではさらに臨機応変な対応や、円滑なコミュニケーションが求められますので、発達障害の人にとっては苦手なことが一気に増えて、動けなくなってしまう場合が多いのです。

「環境が変わったのだから、それに合わせるように努力すべきだ」という意見もあるでしょう。確かに、発達障害の診断を機に自分の特性を見つめ直し、長所を生かし短所はできるだけ表に出ないように様々な工夫をするなどの努力している発達障害の知人もたくさんいます。

しかし、生まれ付きの障害から生じる様々な辛さや、それに伴う社会的なハンディキャップの解決を、本人の努力だけに求めるのはフェアではありませんし、それなら福祉の支援も不要になります。

ひきこもり支援においては、このような発達障害の課題とともに、精神疾患を抱えている人が一定割合でいることも前提に考える必要があり、自助努力を強調しても解決にはつながりません。

また、診断に至らなくても、長いひきこもり生活からなかなか動けないのは、本人のパーソナリティだけではなく、それまでの家庭・学校・職場など生活全般にわたって辛い体験を積み重ねてきたためでしょうから、これもまた本人の自助努力を求めるだけではなかなか前に進みません。

(2) 新たな「働き方」のできる場の創出を

就労支援においては、そもそも十分な仕事先がないという雇用情勢が大きな壁になっていますし、働く環境自体も厳しくなっています。ひきこもりを経験したり、障害や病気を抱えた人にとっては、「即戦力」を求められる職場で働くのはとても厳しいという現実があります。

先に紹介した福祉就労の制度もありますが、何らかの障害や病気の判定・診断を受けていることが条件になりますので、ひきこもりの人が必ずしも利用できるとは限りません。

このような課題を抱えた人々が、すぐに一般企業で働くことはとても大変ですし、受け入れる側もしっかりとした準備と対応が求められるでしょう。発達障害の特徴を生かした業務分野を作り成果を上げている企業もありますが、全ての企業に同様の対応を求めるのは、とても難しいと思います。

障害や病気の診断を受けていなくても、ひきこもり体験によって「即戦力」として働くのは難しい人々が、何らかの形で福祉就労制度を利用できるような工夫や取り組みが必要だと痛感しています。さらに、一般就労と福祉就労の中間に位置するような就労の場（中間就労）を、政策としてもっと作り出して行くべきではないでしょうか。

北海道では、ＮＰＯ法人「コミュニティワーク研究実践センター」が月形町に活動拠点をおき、すぐに普通に働くのは難しい若者が、支援スタッフとともに町で暮らしながら町民の方々と農作業や除雪作業などを行なったり、地域の祭りに参加するという取り組みをしています。こうして行く中で、地域の側もそのような若者を受け止めていけるコミュニティ創りを進めていくわけです。これは「合宿型の訓練施設」ではなく、利用者一人ひとりの状況に合わせて働きながら生活する「暮らしの場」です。

詳しくは同センターのＨＰを検索いただきたいのですが、これは「中間就労」の場創りのとても有意義な実験と言えるでしょう。ですが、使える補助金は限られていますので、取り組みの拡大には制約もあると思います。【註】

「サポステ」を始めとする就労支援を充実して行くのは大きな前進ですが、肝心の働き口が限られている現状を変えないと効果は上がりません。その意味からも、様々な「中間就労」の場を創り、支援して行く長期の安定した政策が必要だと思うのです。

【註】現在は主に厚生労働省事業の「ホームレス等貧困・困窮者の『絆』再生事業」の補助金を活用しています。

6　今こそソーシャルアクションの視点を

不登校の子どもは「学校のカナリア」と述べました。私は同じように、ひきこもりや発達障害、精神障害の人々もまた「社会のカナリア」であり、カナリアが増え続けているのは、日本社会の現状への大きな警鐘だと思うのです。

高度経済成長から低成長へ、バブル経済の謳歌とその崩壊、そして長期の停滞と格差社会の深刻化など、戦後の日本社会は激しい浮沈を繰り返してきました。そして今は、先を見通すことのできない閉塞感が強まり、それが人々の不安をかき立てているように思います。

本書が取り上げた不登校やひきこもり、いじめ、体罰、発達障害や精神障害をめぐる様々な課題は、このような社会状況と無関係なはずがありません。

ソーシャルワークの大切な役割のひとつに、ソーシャルアクションがあります。これは、福祉課題を解決するために新しい制度やサービスを作ったり、既存の制度やサービスの改善を、当事者や関係者などとともに、行政や関係団体などに働きかけたり、世論を喚起するなどの社会的行動を言います。

例えば、足の不自由な人に車椅子を提供しても、その人が住んでいる地域や利用したい施設が段差だらけだったら、その支援は十分な効果を上げることができません。そこで、車椅子の提供という個別の支援に加えて、地域のバリアフリー化に取り組むこともソーシャルワーカーの役割として期待されます。

不登校やひきこもり支援についても同じことが言えます。支援を妨げる社会の意識やシステムを変えて行くことは、当事者にとってはもちろん切実な取り組みですが、支援に関わる人々もこのような課題を受け止め、ともに歩んで行くことが求められると思うのです。

あとがき

「バイステックのケースワーク七原則」（第5章）を持ち出すまでもなく、家族の話といえども個人情報ですから、公表するには本人の了解が必要です。今回の出版に際しても、妻と長女、次女に原稿を繰り返しチェックしてもらい、推敲を重ねました。

ただ、そのことによって子どもたちが辛い体験を思い起こし、いつまでもその辛さから逃れることができないのではないかという心配もありました。子どもたちは、最近のいじめ自殺報道などを見るのが怖いと言いますので、フラッシュバックも心配でした。

しかし、当事者の体験や思いを伝えることの大切さを理解し、協力してくれたことに感謝しています。イラストは長女が描き、次女は原稿の詳細な校正をしてくれました。全体の構成や流れは妻の助言によりました。ですから、これは家族との共著です。

また、私が関わっている会や団体のメンバー、利用者のみなさんからうかがったたくさんの貴重なお話や、全国各地の関係者のみなさんとの交流を通して教えていただいたことがなければ、本書を執筆することはできませんでした。あらためて心からお礼申し上げます。

私はもし、「子どもが不登校して何かよいことがありましたか」と聞かれたならば、「受験生の親をやらないですんだこと」とお答えしたいと思います。親子が揉める一番の原因は、「勉強をちゃんとやった、やらない」とか「成績が上がった、下がった」とか「そんなことで進学はどうする」といったことではないでしょうか。

次女のときは不登校を受け止めることができましたので、テストや通信簿の成績に一喜一憂しないですみました。そもそもテストを受けないのですから答案用紙を見ることはありませんし、通信簿も1しか付かないことが分かっていますから見る必要もありません。おかげで、ゆったりとした気持ちで過ごせたように思います。混まない平日に家族旅行できたこともよかったです。

次女が公務員試験の予備校に通っているとき、よく郊外の温泉に誘いました。私は大の温泉好きで、しかも風呂上がりにビールをグビッとやるのが至福のひとときです。当時次女は運転免許を取っていましたので、帰りの運転を次女に頼み、度々この至福を味わったのですが、後日次女からは、「よくまあ、受験生をあんな使い方ができたね」と冷やかされました。「受験勉強の気分転換を勧める」という殊勝な話ではなく、「ただただ風呂上がりのビールを飲みたかっただけ」ということを見抜かれていたようです（汗）。

また、母親に公務員試験に合格したことを喜び勇んで知らせたとき、最初の反応が

「えっ！」だったという笑い話もありますが、「親の過剰な期待がなかったから、次女はのびのび勉強できた」と言い訳しておきましょう（またまた汗）。

それでも次女は不安でたまらなかったそうですから、親が不登校を全く理解できずに責めてしまった長女の苦しみはどれほど大きかったかと思うと、今でも本当に申し訳ない気持ちでいっぱいです。

ですから、子どもたちが不登校を「卒業」した後も、私がこのような活動を続けてきたのは、私のような間違いをしないでほしいという思いと、娘たちに対する罪滅ぼしという気持ちもあります。

そして、子どもたちの不登校がなければ、今の自分はなかったと思います。問われているのは、親自身の価値観や生き方であり、大人社会のあり方ではないだろうかと真剣に考えるようになりましたので、私たち夫婦の生き方を見直すきっかけを与えてくれた子どもたちに、心から感謝したいと思います。

最近、講演などの機会に、不登校・ひきこもりの人々への応援歌として、母校・北海道立函館西高校の大先輩・北島三郎御大の歌う「終着駅は始発駅」を紹介しています。

函館止まりの　連絡船は

青森行きの　船になる
希望を捨てるな　生きてるかぎり
どこからだって　出直せる
終着駅は　始発駅

不登校やひきこもりになると、本人も家族も将来が閉ざされてしまうような、まさに「人生の終着駅」にきてしまったような気持ちに追い込まれます。でも、終着駅で旅の疲れをしっかり癒して、また出直せばいいわけです。確かに「終着駅は始発駅」なのです。

全国各地の「家族会」や「当事者会」、「フリースクール」「フリースペース」などの取り組みは、自らの手で終着駅を始発駅にする役割を果たしています。そして、サポステを始めとする心ある相談支援機関や保健福祉に関わる行政機関、不登校やひきこもりに理解のある学校・教育関係者とのネットワークを形成することで、より確かな始発駅になって行くと思うのです。

二〇一四年三月

野村　俊幸

著者プロフィール
野村 俊幸（のむら としゆき）
1950年３月21日、北海道北斗市（旧上磯町）生まれ。北海道大学文学部卒業。
昭和48年から平成20年まで北海道庁勤務。現在、西野学園函館臨床福祉専門学校非常勤講師、北海道教育大学函館校非常勤講師、一般財団法人北海道国際交流センター（はこだて若者サポートステーション）専門相談員。社会福祉士、精神保健福祉士。
（主な地域活動）
登校拒否と教育を考える「函館アカシヤ会」代表
道南ひきこもり家族交流会「あさがお」事務局
函館圏フリースクール「すまいる」副代表
「昴の会～不登校をともに考える会」運営委員
民生委員・児童委員
函館地方精神保健協会理事
著者に、『わが子が不登校で教えてくれたこと　改訂版』（文芸社、2009年）などがある。
（連絡先）メールtnomura@sea.ncv.ne.jp
FAX 0138-57-3041

カナリアたちの警鐘
不登校・ひきこもり・いじめ・体罰へはどのように対処したらよいか

2014年５月15日　初版第１刷発行
2022年10月30日　初版第５刷発行

著　者　野村 俊幸
発行者　瓜谷 綱延
発行所　株式会社文芸社
〒160-0022　東京都新宿区新宿１－10－１
電話　03-5369-3060（代表）
03-5369-2299（販売）

印　刷　株式会社文芸社
製本所　株式会社MOTOMURA

ISBN978-4-286-14965-3　　JASRAC　出1402756－401